本书得到兰州大学教务处教材建设基金资助

病理学实验指导（增订版）

THE GUIDE OF PATHOLOGY EXPERIMENT

主　编　李　敏
副主编　王晨昱　刘　沨　张　煦
编　委　（以姓氏笔画为序）
马　岚　孙晓玮　朱艳芳
刘　伟　杨爱军　张建刚
张晨丽　张芳芳　赵文杰
焦宗宪　黎卫平

蘭州大學出版社
LANZHOU UNIVERSITY PRESS

图书在版编目(CIP)数据

病理学实验指导 / 李敏主编. —兰州:兰州大学出版社,2014.3(2019.3 重印)
ISBN 978-7-311-04423-7

Ⅰ.①病… Ⅱ.①李… Ⅲ.①病理学—实验—高等学校—教学参考资料 Ⅳ.①R36-33

中国版本图书馆 CIP 数据核字(2014)第 049121 号

策划编辑 陈红升
责任编辑 郝可伟
封面设计 陈 文

书 名 病理学实验指导(增订版)
作 者 李 敏 主编
王晨昱 刘 沨 张 煦 副主编
出版发行 兰州大学出版社 (地址:兰州市天水南路222号 730000)
电 话 0931-8912613(总编办公室) 0931-8617156(营销中心)
0931-8914298(读者服务部)
网 址 http://press.lzu.edu.cn
电子信箱 press@lzu.edu.cn
印 刷 甘肃澳翔印业有限公司
开 本 710 mm×1020 mm 1/16
印 张 5.75(插页20)
字 数 95千
版 次 2014年3月第1版
印 次 2019年3月第4次印刷
书 号 ISBN 978-7-311-04423-7
定 价 28.00元

前　言
Preface

病理学的授课包括理论讲授和实验两部分。实验内容包括观察大体标本及显微切片，材料均取自尸体解剖或临床活检及手术标本，选典型者为实验使用。病理学实验的目的是证实和巩固理论知识，使理论和实践密切联系起来，这样就能更全面、深入地理解和掌握本门学科知识。

编写本指导的目的，是为同学们在观察标本、切片时作参考之用，起一定的辅助作用。希望同学们在实验时以独立观察、思考为主，要多看、多想、多联系，勿被"指导"束缚思想，要锻炼科学思维方法，养成认真、细致、全面和有条不紊的科学作风，珍爱标本和国家财产，保持实验室整洁，兹将实验的一般方法及注意事项概括如下。

一、大体标本实验及注意事项

1. 必须较熟练地掌握正常解剖学知识，特别是内脏器官部分,因为只有在正常形态学的基础上,方能对异常的形态进行观察。

例如,不知道肝脏的正常大小、重量和形态,就不可能知道标本中肝脏是否有改变或发生了什么样的改变。因此,要求同学们在进行病理学实验的同时,还要经常复习正常人体解剖学。

2.观察病变时要按一定次序进行,养成有条不紊、全面细致的良好习惯,尽可能做到全面、系统地观察,避免发生遗漏现象。因此,首先要了解疾病发生的部位,脏器和脏器间的关系,疾病蔓延情况;其次,进行疾病脏器的观察。由外到内,先看外形(大小、形状、颜色、重量),再看切面、实质的改变,了解病变发生的部位及其和全脏器的关系,然后观察某部位病变。在用显微镜观察时,要训练自己用低倍镜观察病变的能力,防止一开始就用高倍镜观察病变,而影响对病变的全面了解。

3.时时要从"立体"观念去观察和解释所看到的现象。切片中所见到的组织只不过是一个4～8微米厚的断面,因此对切片上所显示出来的构像,必须建立在立体观念上。例如,血管的横切面,其管腔是近圆形的,纵切面则为长柱形的,仅切血管壁则见不到血管。可见,同一结构因切面不同而显示不同的形态。从立体观念出发,不仅可以识别组织成分,也可得到对病变的全面了解。

4.了解切片的染色方法。按观察目的不同,应用各种不同的染色方法,有的只显示某一种成分,也有的显示多种成分;同一组织成分,用不同的染色方法,可染出不同的颜色;相反地,用一种染色方法也可使不同的组织成分染同样的颜色。因此,了解切片的染色方法是很重要的,我们实验用的病理切片,绝大多数是用苏木紫-伊红染色法(普通染色法)制成的,用此法制成的切片,细胞核着紫蓝色,细胞浆着粉红色,间质结缔组织、红细胞等均匀着红色,同学们实验用的切片不注明特殊染色的,均为普通染色法。

5.绘制简图。将观察到的主要病变绘制成简图,不仅能全面、细致地观察,印象深刻,而且便于课后复习。所以绘图是学习病理组织学的有效方法之一。我们要求同学们在观察切片过程中把主要病变用图的形式记录下来。

绘图力求简明扼要,能表示病变即可,不要求在画的技术方面过多地下功夫,避免把大部分时间用在绘图上,影响观察。绘图时注意组织部分的大小比例,相互关系等,标字最好在图的左、右两侧,字迹要清楚,一般绘图用红色、紫蓝色笔即可。

6.把镜下所见和肉眼观察结合起来,把形态和机能联系起来。把镜下和肉眼所见相互对照,对病变加深理解作用很大,有时能从肉眼看出病变组织的形态(大小、颜色、硬度、形态等)。

7.对病变形态的描述,通常采用常见的实物来形容,如:

大小:用粟粒、绿豆、黄豆、核桃、苹果等描述之。

形态:用球形、半球形、椭圆形、蕈形、菜花形、溃疡形等描述之。

颜色:可以是单色或数色并存。

硬度:可软如脑髓或坚如石块。

透明度:有的脏器可因水肿而变混浊。

8.实验用的大体标本大部分是用福尔马林固定的,标本的颜色和硬度都发生了程度不同的改变,和新鲜标本有一定的距离,补偿办法是希望同学们多看新鲜的尸体剖验。

二、病理组织学实验的一般注意事项

1.掌握正常组织学,是病理组织学实验的起码条件。因为,不了解正常构造,就无从知道异常构造,即使看到了一些现象,也无法解释它是正常的还是异常的,例如,不了解肝小叶的正常构造,也就无法认识病变破坏肝小叶结构的情况。在病理组织学实验时常发生找不到病变,或者把正常组织成分当成了病变的现象,其主要原因往往是对正常组织没有完全掌握,以致影响了对病变的认识。因此,要求同学们在做病理组织学实验时,仍需不断复习正常组织学,最好做到实验前预习。

2.观察病变要遵循一定的顺序,对病变的认识是一个从粗到细、由浅入深的过程。因此,只有按照一定程序才能使这种认识逐步地加深和判断准确。拿到一张切片首先应该用肉眼观察其与正常组织有何不同,有时对了解病变起很大作用。例如,正常肺组织因有肺泡而有很多空腔,有病变时,这些肺泡腔可被病理成分所充填,使肺变为实性。肉眼观察还能确定出病变所在部位、大小、与周围组织的关系以及病变性质等;继肉眼观察之后,再移至低倍镜或高倍镜观察。病理学形态观察旨在通过形态阐明疾病发生的机制。因此,对病变的了解不能只限于形态学的观察和描述,对观察到的病变应进一步分析其发生、发展过程及对机体的影响和结局等。

感谢形态学实验中心实验技术老师李勇,谷弘,王敏在实验标本准备过程中的支持和帮助。

1988年10月第一版 (新编订)

1991年2月第二版 (增 订)

1993年1月第三版 (修 订)

1997年1月第四版 (修 订)

2014年3月第五版 (修 订)

2017年3月第六版 (增 订)

编者

2017年3月

目 录

第一章　细胞和组织的适应、损伤与损伤修复

Adaptation、injure and repair of cells and tissue

一、目的与要求(Purpose and request)

1. 了解病理学实验目的、方法及注意事项。
2. 掌握损伤几种常见形式(变性、坏死)的形态学特征。
3. 掌握肉芽组织的形态结构及功能。
4. 绘损1#、损2#高倍镜图及损3#低倍镜图。

二、大体标本(Gross specimens)

观察方法:萎缩是组织器官的实质成分变小,因而肉眼观察极为重要,其变化明显,容易查出。变性和坏死主要为组织成分上的微细改变,故镜下改变较为重要,但组织成分的改变必然反映于肉眼上的变化,此时须注意其特点,例如颗粒变性的特点为器官变混浊肿胀,而脂肪变性由于富于脂质故器官变黄为其特点。

(一)适应性改变

1. 萎缩　Atrophy

损101　肾盂积水　Hydronephrosis

观察内容:肾盂与肾盏高度扩张呈多房囊性水袋状,积液在切开时已流掉,肾实质受压萎缩变薄,皮髓质境界消失,肾盂及肾盏周围多量脂肪组织充填。

损102A/B/C/D　肾盂积水　Hydronephrosis

观察内容:肾盂及肾盏高度扩张呈多房囊性水袋状,积液在切开时已流掉,肾实质受压萎缩变薄,皮髓质境界消失,肾盂积水多由输尿管阻塞(炎症、肿瘤、结石等原因),尿液排出发生障碍所致。(见图损102。)

损103A/B/C　老年性心脏萎缩　Senile atrophy of heart

观察内容:自己描述。

损104 多器官萎缩(心、肝、脾) Multiple organ atrophy

观察内容:肝重850 g(N:1500 g),脾脏重62 g。

2.**肥大** Hypertrophy

损105A/B 代偿性肥大 Compensatory hypertrophy

观察内容:自己描述。

(二)变性 Degeneration

损201A/B 肝水变性(A432) Cloudy swelling of liver

观察内容:标本选自部分肝脏(原重1760 g)。肝被膜紧张,穹窿高起,边缘变钝,呈淡灰褐色,质较软,切面上,肝实质略向外突,边缘外翻,血管断端相对下陷,小叶结构不清,混浊而失去原有光泽。(见图损201。)

病历摘要:男性,17岁,学生,发热3天,咯血、胸痛1日,经查体及胸部透视为右肺浸润型结核,入院时心率100次/分,体温39℃,两肺底有湿性啰音,以右侧为显,WBC 13.8×10^9/L,中性粒细胞79%,入院后患者口唇及指甲青紫,呼吸困难,咳血痰,救治无效而死亡。

病理诊断:(1)两侧浆液出血性脓性肺炎,伴有急性脓肿形成;(2)急性败血性脾炎;(3)肝、肾、心脏及胰腺水肿和淤血;(4)肺门淋巴结结核。

死因:急性败血症。

损202A/B 肝水变性 Cloudy swelling of liver

观察内容:自己描述。

提示:在大体标本上如何判断肝脏体积增大?这一病人为何发生肝水变性?

损203A/B/C/D 肝脂肪变性 Fatty degeneration of liver

观察内容:肝脏体积增大,被膜紧张,穹窿高起,边缘变钝,灰黄色,质较软,切面上,肝实质稍外翻,呈弥漫性灰黄色。质轻,有飘浮感。(见图损203。)

损204A/B 肝脂肪变性 Fatty degeneration of liver(苏丹Ⅲ染色)

观察内容:自己描述。(见图损204。)

损205 心肌脂肪变性(虎斑心)Fatty degeneration of myo-cardia (Tiger heart)

观察内容:右心室壁心肌呈红褐色,在乳头肌上见平行排列的黄色斑纹,状如虎斑,乳头肌因固定时间较长,而使斑纹不清。(见图损205。)

提示:根据上述标本所见以及部分病例,你知道水肿、脂肪变性常发生在哪些器官吗?发生的原因为何?对机体的影响有哪些?

损206 A/B/C 结缔组织透明变性(糖衣肝)(A18) Hyaline dageneration of connective tissue (Iced liver)

观察内容:带部分膈肌的肝脏,共重105g,体积缩小,表面被覆一层坚实的灰白色半透明物质,似肝外裹了一层(冰)糖衣故名。这是因为纤维素性肝周围炎,最后机化形成的纤维组织又发生透明变性所引起。(见图损206。)

病历摘要:40岁,女性。腹胀6年多,1年前曾有黄疸,服中药后消退,但腹胀渐著,胃纳减退,以后多次住院均抽放出过黄色腹水,左季肋下触到鸡蛋大包块,近4个月,两下肢浮肿,子宫脱出。此次住院一次性抽放腹水8000ml,病人发生休克,急救无效。尸检时仍有腹水12000ml。

病理诊断为:多发性浆膜炎,肝硬化。

损 207A/B 糖衣脾(A18) Iced spleen

观察内容:脾脏体积明显增大,脾重870g,表面有一层质硬的半透明物质被覆,状如外裹一层(冰)糖衣,此为纤维结缔组织透明变性。

损 208 心肌脂肪浸润 Fatty infiltration

观察内容:自己描述。

损 209肝脂肪变性 Fatty degeneration of liver

观察内容:自己描述。

(三)坏死及坏疽 Necrosis and gangrene

1.凝固性坏死 Coagulation necrosis

损301A/B 肾结核(干酪样坏死) Tuberculosis of kidney(Caseous necrosis)

观察内容:肾脏体积增大,被膜增厚,已不能剥离。切面上,皮髓质内形成多个大小不一的不整圆形、灰黄色干酪样坏死灶,坏死物易碎,状如干酪或豆腐渣,坏死灶之间的肾组织皮髓界限不清,肾盏与肾盂内亦充满干酪样坏死物质。(见图损301。)

损302 肾结核 Tuberculosis of kidney

观察内容:自己描述。(见图损302。)

2.**液化性坏死** Liquifaction necrosis

损303 A/B 肝脓肿(液化性坏死)(A336)Abscess of liver

观察内容:肝脏肿大,重1700g,右叶靠穹窿部有一鹅蛋大脓肿,形状不整,边缘尚清楚,脓液于切开时已流掉,腔内尚可见破碎不整的灰黄色坏死组织及脓性渗出物,其余肝组织有脂肪变性。(见图损303。)

病历摘要:63岁,女性。于入院前一日开始有咳嗽,并觉面部及两下肢浮肿,后病情逐渐加重,食欲不振,心慌,发烧,血象中性粒细胞占94%,尿液有大量脓细胞、少量红细胞。

临床诊断:支气管肺炎,肺气肿,肺源性心脏病。

病理诊断:巨大肝脓肿,急性出血性膀胱炎,胸腔及腹腔少量积液。

死亡原因:败血症

提示:肝脓肿可能有哪些感染途径?本例哪些体征及化验结果支持"肝脓肿"这一诊断?

3.**坏疽** Gangrene

损304 手干性坏疽 Dry gangrene of hand

观察内容:标本为左前臂,从手腕上部开始直到手指,表面干枯、皱缩,似手套样剥脱,皮下组织呈绿黑色、干燥,坏疽部分与前臂上部分界清楚。

损305 上肢干性坏疽 Dry gangrene of superior limb

观察内容:前臂下段直至手指,表皮干枯、皱缩,并有表面剥脱(手部呈手套样剥脱),皮下组织呈绿黑色,干燥,前臂上段近肘部皮肤组织与坏疽部分之间有一清楚的淡红色分界线。

损306 足干性坏疽 Dry gangrene of foot

观察内容:右足及小腿下端皮肤干枯、皱缩,呈黑褐色,坏疽部分与健康组织间界限清楚。(见图损306。)

损307 足湿性坏疽 Moist gangrene of foot

观察内容:标本为小儿之左足,见第四趾外侧和小趾及其足掌皮肤组织发生坏疽,该部组织肿胀,呈淡蓝色(原绿黑色),表皮有小片剥脱,与周围皮肤组织分界不清。(见图损307。)

提示:1.什么是坏死,有哪几种类型?怎样引起的?

2.什么是坏疽,与坏死有何不同?干性坏疽与湿性坏疽有何不同?你能从标本上说明吗?

(四)再生与修复　Regeneration and repair

损401A/B　骨之再生(桡骨慢性骨髓炎)Regeneration of bone

观察内容:桡骨一端分为内外两层,内层骨细小、色白,状如象牙,为原来的骨发生坏死而形成死骨,外层骨呈浅褐色,为新生骨,骨膜成骨显著,较原骨粗大、致密,骨表面不光滑。(见图损401。)

三、显微镜切片 (Microslide)

损1#　肾颗粒变性(肾水肿)　Renal granular degeneration

低倍镜:肾皮质处近曲小管上皮染成深粉红色,肾小球及远曲肾小管均无显著病变,肾间质小血管淤血,多数肾小管腔内含有红染物质。(见图损1#A。)

高倍镜:近曲小管上皮细胞肿胀变大,突入管腔,致管腔变狭小,呈星芒状。上皮细胞胞浆内充满小而均匀的红染颗粒(转动微螺旋更明显),此颗粒为电镜下肿胀、扩张的线粒体和内质网,病变严重者可见细胞核消失,细胞崩解(此为细胞坏死)。(见图损1#B。)

损2#　结缔组织透明变性　Hyaline degeneration of connective tissues

低倍镜:切片为皮肤瘢痕疙瘩,表面被覆表皮,真皮层极度增厚,见纤维细胞减少,胶原纤维增粗,互相融合,形成均匀一致红染的宽束。(见图损2#A/B/C。)

损3#　肉芽组织　Granulation tissue(其中部分切片取自实验动物,狗牙龈组织)

肉眼观(macroscopy):颜色染成深粉红色为肉芽浅层,颜色较浅为肉芽部。

低倍镜:肉芽表面为坏死组织及少量纤维素和坏死的炎性细胞。其下方可见多数新生的毛细血管排列规则并扩张充血,新生的毛细血管多与创面垂直方向走行,于表面处呈袢样状弯曲,并有纤维母细胞穿插在血管间,其间见较多炎性细胞。(见图损3#A)(实验动物切片中部分区黏膜上皮见炎细胞浸润、破坏、创面形成,黏膜上皮下及创面局部为肉芽组织。)

肉芽组织的深层,毛细血管及炎性细胞渐渐减少,纤维细胞增多,其周围有较多的胶原纤维,最后移行为瘢痕组织。

高倍镜:大多数炎性细胞为中性粒细胞,少数为淋巴细胞、巨噬细胞。成纤维细胞(纤维母细胞)核呈椭圆形、染色质疏松,细胞浆粉红色呈星芒状分枝或梭形。(见图损3#B)

损4# 肝脂肪变性 Fatty degeneration of liver

低倍镜:肝小叶结构完整,小叶肝细胞浆内出现大小不等的圆形空泡,此即脂肪滴所在处,在制片过程中被脂肪溶剂溶解而呈空泡状。(见图损4#A。)

高倍镜:病变轻者,胞浆内仅有少数小的脂肪空泡,病变严重者,则融合成大的脂肪空泡,胞核被推挤在细胞的一侧,形似脂肪细胞。小叶中央部的肝细胞水肿,胞浆内出现红染的颗粒。(见损4#B。)

损5# 凝固性坏死 Coagulation necrosis

低倍镜:主要观察发生淋巴结结核时出现的凝固性坏死,镜下见淋巴结结构已破坏,有大小不等的坏死区,该区内的细胞结构消失,胞浆崩解,呈红染的颗粒状或小块状,坏死的边缘可见少数核固缩及核碎裂细胞。

四、思考题(Pondering questions)

1.组织损伤的各种类型中,哪些属于可逆性损伤?哪些属于不可逆性损伤?它们之间有何联系?各有何形态学改变特征?

2.坏死的不同结局其条件是什么?各对机体有何影响?

第二章　局部血液循环障碍
Disturbance of a local circulating blood

一、目的与要求(Purpose and request)

1.掌握淤血、血栓形成、栓塞及梗死的形态特点,掌握血栓、栓塞及梗死的关系,了解出血的类型及形态特点。

2.绘循1#、循2#和循3#的低倍镜图。

二、大体标本(Gross specimens)

观察方法:

1.局部充血时由于局部血量的增多必然引起以下几方面的变化:

(1)局部血管扩张变粗、增多(平常不开放的毛细血管也扩张充血),血管充满血液致使血管变明显,例如急性阑尾炎浆膜血管充血时,浆膜表面血管扩张较正常明显。

(2)器官和组织颜色上的改变,由于局部血管增多,组织是富于血液的颜色。但由于充血性质不同其颜色亦不同,例如动脉性充血(炎性充血)时由于富于动脉血,故色泽较为鲜红,静脉性充血则因为静脉性血量增多,故为暗红色或青紫色。

(3)充血的脏器因血量的增多,体积会增大,重量亦增加。例如肝淤血时即如此。此外,在观察充血标本时,应注意其发生原因,例如肺淤血(因系心脏疾病的结果,从标本中是见不到的),但可以联系理论内容。

2.观察血栓标本,应当注意与死后凝血块鉴别。如是血栓就应进一步考虑其形成原因和属哪种类型的血栓,同时应联系其发生和发展过程。

3.观察梗死标本时,应注意梗死灶的形态、颜色及周围有无纤维结缔组织增生,以区别新鲜或是陈旧性病灶,并分析这些病变的形成原因。

4.出血的标本比较易于观察,但组织内的出血须注意是何种出血,如为破裂性出血或是漏出性出血。

(一)充血与淤血 Hyperemia and congestion

循 101A/B 阑尾浆膜充血(急性化脓性阑尾炎) Appendiceal serosa hyperemia

观察内容:阑尾浆膜小血管明显扩张充血,浆膜面有少许灰黄色脓性渗出物被覆。阑尾增粗,壁增厚,腔内充满灰黄色脓性渗出物。(见图循 101。)

循 102A/B 慢性肝淤血(A1008) Chronic congestion of liver

观察内容:自己描述。

病理主要诊断:化脓性心包炎,慢性肺、肝淤血等。

循 103A/B 慢性肝淤血(A1006) Chronic congestion of liver

观察内容:肝被膜光滑,边缘较钝,被膜下肝组织呈红黄相间的斑纹状。

切面上:正常肝组织结构消失,呈现红、黄相间的斑纹状,暗红色区域为淤血的中央静脉及邻近的肝窦,黄色区域为脂肪变性的肝组织,因此种形态似槟榔的切面,故称槟榔肝。(见图循 103。)

病历摘要:20 岁,男性,4 个月来自觉乏力,食欲下降,盗汗及渐进性消瘦,重体力劳动后觉气短,近日来加重,并且咳嗽、胸痛、气喘,不能平卧,最后因心衰死亡。

病理主要诊断:特发性心肌病。

循 104A/B/C 肾淤血(A517) Congestion of kidney

观察内容:肾脏表面的星状静脉明显,切面锥体及髓放线为暗红色,显示其静脉淤血,皮髓质分界清楚。

循 105A/B/C/D 肾淤血(A442) Congestion of kidney

观察内容:自己描述。

循 106A/B 慢性脾淤血 Chronic congestion of spleen

观察内容:脾脏体积明显增大,呈褐色,重 1145g(正常 50g 左右),边缘钝,被膜紧张并增厚。切面可见脾滤泡消失,脾小梁结缔组织增生,故可见到灰白色条索,此为增宽的脾小梁。

循 107A/B 慢性脾淤血 Chronic congestion of spleen

观察内容:自己描述。

循 108A/B 肠套叠 Intussusception

观察内容:此为一段回肠的纵切面,套入的肠段约 20cm,因肠系膜跟随套入受压，静脉回流受阻，而发生淤血、水肿、出血，继之动脉血流中断，肠壁发生坏死，坏死部呈黑褐色，失去光泽与韧性，肠腔中充满灰白色胶状分泌物，外层肠壁受压变薄，浆膜面有灰白色絮状或膜状炎性渗出物覆盖。（见图循108。）

病理诊断：急性肠梗阻（下段小肠套叠）。

循109A/B 肠套叠 Intussusception

观察内容：肠段套入，肠系膜也跟随套入而受压，肠壁因静脉回流受阻而发生淤血、水肿、出血，继之动脉受压缺血，肠壁发生坏死，坏死部位颜色发黑。标本中也可见到正常的肠管，颜色粉红，有光泽。（见图循109。）

循110A/B 慢性肝淤血 Chronic congestion of liver

观察内容：自己描述。

循111A/B/C 肾淤血 Congestion of kideny

观察内容：自己描述。

循112 慢性肝淤血 Chronic congestion of liver

观察内容：自己描述。

（二）血栓形成 Thrombosis

循201A/B 动静脉血栓 Intraarterial and venous thrombus

观察内容：此为一段并行的动静脉，在已经暴露的静脉腔中，可见到一条暗红色血栓。血栓表面粗糙不平，附着于血管壁但不太牢固，血栓的下端切面可辨出层状结构。动脉管腔中亦有血栓，呈层状结构。（见图循201。）

循202 股、腘与胫前静脉血栓（A360）Venous thrombus of thigh and popliteal and tibiales anteriores

观察内容：可见血栓延及股、腘及胫前静脉及部分分支，全长约19cm，标本下端开始于静脉瓣，呈灰白色，与管壁附着较牢，大部分血栓呈暗红色，主要由红细胞构成，间杂有灰白色部分，标本上段粗大，较游离，容易脱落。

病历摘要：周××，男，23岁，农民。8个月来感觉心慌、气短、咳嗽、咳痰、面色浮肿。入冬受凉后又发病，全身浮肿，心慌、气短加重时，咳出粉红色泡沫状痰，X射线检查示左心扩大，右肺有大块阴影。临终前心率160次/分，两肺布满湿性啰音，终因心力衰竭死亡。

病理诊断：（1）梅毒性主动脉炎，主动脉瓣闭锁不全。（2）心脏增大，右室附壁血栓。（3）右下肢股、腘、胫前静脉血栓。（4）右肺上、下叶肺门部肺动脉分支内栓塞并出血性梗死。

循203A/B 门静脉血栓(A629) Portal thrombus

观察内容:门静脉主干管腔内形成一粗大、层状结构的混合血栓,色灰黄间灰红,在已经切开的静脉中横卧着一段血栓,已与管壁紧密粘连,此为机化的表现。

病历摘要:46岁,男性。6个月来晨起时有眼睑浮肿。5个月来上腹部肿大,检查发现巩膜黄染,腹部膨胀,有波动感及移动性浊音。肝区有明显压痛,肝功化验明显受损,X射线钡餐透视发现有食道静脉曲张,入院后4天呈现嗜睡,烦躁不安,经治疗无效死亡。

病理诊断:(1)门脉性肝硬化;(2)门静脉血栓形成;(3)腹水。

循204 右心室附壁血栓 Mural thrombus of right ventricle

观察内容:于右心室心尖部内膜面梁状肌间有一枣大的血栓,灰黄色,干燥无光泽,表面不光滑且破碎。本例为45岁男性。

病理诊断:(1)支气管肺炎并发肺脓肿;(2)右心室附壁血栓。

(三)栓塞与梗死 Embolism and infarct

循301A/B 急性肺栓塞 Acute embolism of lung

观察内容:左、右肺动脉栓塞。血栓形成于下肢静脉炎后,血栓脱落形成栓子而致急性肺栓塞,两肺尚未造成出血性梗死。(见图循301。)

循302 急性肺栓塞 Acute embolism of lung

观察内容:自己描述。

循303A/B 脾贫血性梗死(A306) Anemic infarction of spleen

观察内容:脾脏体积明显增大,被膜紧张增厚,切面可见到灰黄色、干燥、略呈三角形的梗死灶,梗死部分向表面略有隆起,梗死灶周围有一层暗红色的区域为充血、出血带,梗死灶周围还可见到灰白色结缔组织增生,梗死区内正常组织结构消失,为一片无光泽、无结构的坏死组织代替。此脾重1280g。(见图循303。)

病历摘要:男,36岁,工人。6个月来腹胀、气短、咳嗽,腹内有一肿块逐渐增大。查体:心界向两侧扩大,脾肿大于耻骨上三指,无压痛,肝脏于肋下三指,腹围79cm。

病理诊断:(1)亚急性细菌性心内膜炎(二尖瓣及主动脉瓣);(2)风湿性心肌炎,心脏扩大;(3)慢性败血症脾脏肿大伴贫血性梗死;(4)肺淤血水肿;(5)心肌、肝、肾水肿及肝脂肪变性;(6)腹水。

循304A/B 脾贫血性梗死(A306) Anemic infarction of spleen

观察内容:自己描述。(见图循304。)

循305 肺出血性梗死(A360) Hemorrhagic infarction of lung

观察内容:此为下叶肺的切面,在肺动脉分叉处,骑跨一个暗红色栓子(栓子已脱落),其所属肺组织发生实变,梗死区暗红色,部分为灰白色,边缘尚清楚。观察梗死灶内或其附近是否也有被血栓栓子堵塞的血管。

提示:通过本例你能说明血栓形成、栓塞及梗死之间的关系吗?肺栓塞可能有哪些后果?

循306 肺出血性梗死(A360) Hemorrhagic infarction of lung

观察内容:肺叶切面上有两片近三角形的暗红色区域,此为出血性梗死灶,梗死灶境界尚清楚,梗死区变实,肺的正常海绵状结构消失,在右侧近肺门部的肺动脉分支中有一个血栓栓子堵塞管腔,其下方的小动脉中有一暗红色栓子堵塞管腔。

循307A/B 急性肺栓塞 Acute embolism of lung

观察内容:自己描述。

循308 肠出血性梗死 Hcmorrhagic infarction of intestine

观察内容:自己描述。

(四)出血 Hemorrhage

循401 高血压脑出血(破裂性出血)Hypertensive cerebral hemorrhage

观察内容:标本为左侧脑室的水平切面观,在左侧见有一个鸭蛋大的出血灶。出血区累及左侧豆状核、脑岛的全部及内囊、视丘的一部分。侧脑室中亦有血液(已凝固)。出血部分脑组织发生液化性坏死并与血液凝集成块(已有一大块脱落),因积血使患侧脑体积增大,脑皮质受压变薄,对侧也受压,致使两侧脑室不对称。(见图循401。)

本例患者34岁,男性,农民(病历不详)。

提示:该患者临床上可能有哪些主要症状和体征?

循402 破裂性出血(脑转移瘤)(A311)Ruptured hemorrhage

观察内容:此为左侧大脑的纵切面,于大脑顶叶有小杏、黄豆及绿豆大的紫黑色出血三处,额叶髓质部也有一小出血灶,右侧大脑顶叶皮质表面有一蚕豆大紫黑色出血灶,此为恶性肿瘤侵蚀血管引起的出血。(见图循402。)

病理诊断:绒毛膜癌(已摘除)并发脑转移。

循403A/B 肾斑点状出血 Macular hemorrhage of kidney

观察内容:肾脏表面和切面均见有大量斑点状黑褐色出血灶,以皮质部明显。(见图循403。)

循404A/B 心外膜点状出血 Macalar hemorrhage of epicardium

观察内容:自己描述。

三、显微镜切片(Microslide)

循1# 肺淤血 Congestion of lung

低倍镜:肺泡壁毛细血管高度扩张充盈,致使肺泡壁增宽,少数肺泡腔内可见粉红色、均匀一致水肿液,有些肺泡腔内可见少量红细胞(漏出性出血)。少数肺泡腔内有棕褐色大细胞成分。(见图循1#A/B)

高倍镜:棕褐色大细胞,主要为巨噬细胞,胞浆内含有黄褐色颗粒,即为“心力衰竭”细胞。

循2 A # 慢性肝淤血 Chronic congestion of liver

低倍镜:肝小叶结构尚保存,淤血部位主要见于中央静脉及其周围的肝窦。淤血较重处,见中央静脉扩张,其周围的肝细胞大部分萎缩消失,而为大量红细胞所代替。淤血较轻处,见肝索萎缩变窄,肝窦扩大,窦内充满红细胞。小叶周边的肝细胞肿大,胞浆内有大小不等的圆形空泡,即脂肪变性。(见图循2A#。)

循2 B # 肝淤血 Congestion of liver

低倍镜:肝小叶结构清晰,淤血部位主要见于中央静脉及其周围的肝窦。淤血较轻,部分肝窦扩大,窦内充满红细胞。部分肝细胞胞浆内有大小不等的圆形空泡,即脂肪变性。(见图2B #。)

循3# 静脉内新鲜血栓 Intravenous fresh thrombus

肉眼观:切面为静脉的横断面,肉眼可见管腔内充满红染物质即血栓,其一侧与血管壁附着。

低倍镜:管腔内红染的血栓由粗细不等、呈层状或波纹状排列的血小板小梁以及成片的血细胞组成,静脉内膜因水肿而增厚,静脉周围有伴行的动脉、神经和淋巴结。(见图循3#A。)

高倍镜:血小板小梁由红色的细小颗粒(即崩解的血小板)堆积而成,附着少数白细胞,小梁之间有红染的细丝状纤维素。纤维素网孔内含有少量红细胞和白细胞。(见图循3#B。)

循4#　脾贫血性梗死　Anemic infarction of spleen

肉眼观:切片一端呈紫色,为正常的脾组织;另一端呈淡红色,为梗死区。

低倍镜:于淡粉红色梗死区内,脾脏的原有组织结构如脾小梁、脾索、血管等轮廓可隐约辨认,但不见细胞核,说明细胞已坏死。梗死区与正常脾组织交界处,见少量炎性细胞(单核巨噬细胞、淋巴细胞、中性粒细胞)浸润,其外见脾窦扩张充血。(见图循4#A/B。)

四、思考题(Pondering questions)

血栓形成、栓塞与梗死之间有何关系?

第三章　炎　症
Inflammation

一、目的与要求 (Purpose and request)

1.掌握炎症的基本病理变化。

2.重点掌握各种类型炎症的形态特征及炎症的不同经过。

3.绘炎2#、炎3#高倍镜图,绘炎5#低倍镜图。

二、大体标本 (Gross specimens)

1.炎症的变质性改变,主要表现为组织细胞的变性和坏死,其观察同组织损伤。

2.炎症的渗出性改变,由于血管壁损伤的严重程度不同,故渗出物的性质及表现形式也不同,其中形式多样且复杂者为纤维素性炎、化脓性炎及混合性渗出性炎。因此,需要区别渗出物的性状和它在肉眼表现上的特点。如发生在黏膜处的纤维素性炎,常呈灰白色膜状物,有的可呈绒毛状(如纤维素性心包炎);而脓性渗出物常表现为黄白色混浊外观等。

3.炎症的增生性改变,常见于慢性炎症,主要表现为局部病灶内纤维母细胞、血管内皮细胞及组织细胞的增生,如在消化管道常使其增厚变硬等。

(一)变质性炎　Alterative inflammation

炎101A/B　急性重型病毒性肝炎 Acute severe viral hepatitis

观察内容:肝重800 g(正常成人肝重1500 g ~ 1800 g),体积缩小,左叶尤甚,质较软,穹窿平坦,肝被膜皱缩,呈灰黄色。(见图炎101。)

病历摘要:患者男性,44岁,咳嗽6年,下肢浮肿2周入院。查体:腹部膨胀,有移动性浊音,肝区有明显压痛,于死亡前3天出现重度黄疸,并发生昏迷。

镜下见全部肝小叶广泛坏死,仅于小叶边缘处见少数残存的肝细胞。

病理诊断:

(1)急性重型肝炎(急性黄色肝萎缩)伴有黄疸及多数出血点;

(2)肺气肿及右肺扩大;

(3)胸腔及腹腔积液。

炎102A/B　急性重型病毒性肝炎 Acute severe viral hepatitis

观察内容:自己描述。

炎103A/B　亚急性重型病毒性肝炎 Subacute severe viral hepatitis

观察内容:肝重500 g(正常6岁儿童肝重650 g),深黄褐色,表面及切面满布芝麻至绿豆大小结节,此系再生的肝细胞小团块。(见图炎103。)

病历摘要:6岁男孩,精神萎靡,不爱动2个月,2周前感到头痛、发烧、咳嗽、眼睑浮肿,嗜睡,1周前患儿腹胀,腹痛,下肢浮肿,腹部膨隆,有波动感及移动性浊音,黄疸指数第一次16 U,第二次100 U(正常4~6 U)。

病理主要诊断:亚急性重型病毒性肝炎,腹水及重度黄疸。

炎104　亚急性重型病毒性肝炎 Subacute severe virus hepatitis

观察内容:自己描述。

炎105　亚急性重型病毒性肝炎 Subacute severe virus hepatitis

观察内容:自己描述。

(二)渗出性炎 Exaudatic inflammation

1.纤维素性炎 Fibrinous inflammation

炎201A/B/C　大叶性肺炎 (A124) Lobar pneumonia

观察内容:右肺切面海绵状结构消失,实变如肝,尤以中叶为甚,灰黄色,上叶亦实变,标本的下叶切面肺膜下可见手指尖大小的陈旧性梗死灶(此标本切片镜检见肺泡内充满大量纤维素及中性粒细胞),胸膜脏层及叶间肺膜亦有纤维素性渗出物被覆(纤维素性胸膜炎)。(见图炎201。)

病理诊断:右肺上叶及中叶大叶性肺炎,亚急性细菌性心内膜炎。

炎202A/B/C　大叶性肺炎 Lobar pneumonia

观察内容:自己描述。

炎203A/B　假膜性肠炎(尿毒症引起) Pseudomembranous enteritis

观察内容:标本为一段结肠,黏膜面被覆一层灰褐色假膜。此假膜是由纤维素及坏死的黏膜组织构成,有些部位假膜脱落,形成不整齐的小溃疡。(见炎203。)

病历摘要:患者男性,27岁,因腹痛入院,入院后黑色大便6次,诊断为溃疡病合并出血而进行剖腹探查,后患者血压下降,脉细微并且烦躁不安。第二日尿量减少(400 ml/d),血中非蛋白氮剧增(术后第一日11%,术后第二日120 %)(正常约为35%),二氧化碳结合力降低(术后第一日35.7%,术后第二日27%)(正常50% ~ 60%)。于术后第三日死亡。

炎204 假膜性肠炎(细菌性痢疾之结肠) Pseudomembranous enteritis

观察内容:标本为一段结肠,黏膜被覆有灰黄色的假膜,此假膜由纤维素及坏死的黏膜组织所构成,有些部位可见小溃疡。

病历摘要:1岁,女孩,腹泻1周,发烧5天,1周前开始腹泻,每日十余次,初为稀便,第六天出现脓血便,次数逐渐增加,伴高烧,食欲不振。查体:脱水明显,呼吸节律不齐,心律快,腹胀,肠鸣音减少。诊断为急性菌痢。

炎205 假膜性肠炎(细菌性痢疾) Pseudomembranous enteritis

观察内容:自己描述。

炎206 假膜性肠炎(细菌性痢疾) Pseudomembranous enteritis

观察内容:标本为回肠及空肠,黏膜面被覆一层灰褐色假膜。(见图炎206。)

炎207 纤维素性胸膜炎 Fibrinous pleurisy

观察内容:左肺胸膜增厚,被覆一层灰黄色絮状渗出物。

提示:(1)炎性渗出物中的纤维素是如何形成的?

(2)浆膜的纤维素性粘连与纤维性粘连有何不同?

(3)假膜性炎的假膜由什么组成?

(4)白喉患者为何有的需要做气管切开进行抢救?

2.化脓性炎 Purulent inflammation

损303 肝脓肿(液化性坏死)(A336) Abscess of liver

观察内容:描述参见组织损伤与修复。

炎208A/B 化脓性脑膜炎 Suppurative meningitis

观察内容:脑膜混浊,大脑蛛网膜下腔内有淡黄色脓性渗出物,以额叶、顶叶及大脑外侧裂等部位较明显,该部脑膜混浊,脑组织肿胀,为脓性渗出物所遮盖。

病历摘要:婴幼儿,头痛发热3天,呕吐2天,于3天前自感不适、脖痛,晚上发冷、发热及剧烈头痛,次日出现喷射状呕吐、烦躁、谵妄、神志不清,病后第三日上述症状加重而入院。查体:急性重病容,神志不清,脉快而微弱。颈项强直,屈髋伸膝试验(克尼格氏症)和屈颈试验(布鲁辛基氏征)均阳性。

血象:WBC 36450/mm^3,中性粒细胞34%。脑脊液混浊,白细胞数

$10800/mm^3$,中性粒细胞98%,蛋白++++。涂片检查发现革兰氏染色阴性球菌,经过注射S.D.及抗休克药物等抢救无效。

主要病理诊断:急性化脓性脑脊髓膜炎及各内脏淤血等。

提示:(1)流行性化脓性脑膜炎的病原是什么?

(2)脑脊液可有何变化?

(3)临床可有哪些症状?

注:由于脑膜充血水肿,大量脓性渗出物积聚,引起颅内压升高,病人可有头痛、呕吐、前囟饱满等,由于脊神经根发炎、肿胀,在神经通过椎间孔处受压迫,颈部及背部活动时引起疼痛,因此发生颈项部和背部肌肉痉挛和强直。

炎209 化脓性脑膜炎 Suppurative meningitis

观察内容:自己描述。

炎210 化脓性输卵管炎 Suppurative salpingitis

观察内容:输卵管增粗变形,管壁增厚,有小脓肿可见,腔内有积脓,浆膜表面亦有脓性渗出物。

炎211 急性化脓性阑尾炎 Acute suppurative appendicitis

观察内容:阑尾肿胀增粗,浆膜充血并被覆脓性渗出物,阑尾腔有脓性渗出物,阑尾系膜亦有炎症。

炎212 急性化脓性阑尾炎 Acute suppurative appendicitis

观察内容:阑尾肿胀增粗,浆膜充血并被覆脓性渗出物,阑尾腔有脓性渗出物,阑尾系膜亦有炎症。阑尾远端有粪石,远端有一直径约0.5cm的穿孔。

炎213 A/B/C 急性化脓性阑尾炎 Acute suppurative appendicitis

观察内容:自己描述。

炎214 坏疽性阑尾炎 Gangrenous appendicitis

观察内容:自己描述。

炎215 A/B 多发性肺脓肿 Poly-abscess of lung

观察内容:自己描述。

炎216A/B 多发性肺脓肿 (A841) Poly-abscess of lung

观察内容:两肺有多个粟粒至黄豆大的脓肿,有些脓肿已互相融合为大脓肿,胸膜有脓性渗出物被覆。(见图炎216。)

病历摘要:3月龄女孩,入院前6天开始有发烧、咳嗽,入院前2天发烧加重并有气喘发作及下肢浮肿,以肺炎合并心衰住院。查体:心率80次/分,两肺有水泡音,肝大,在肋下5 cm。

病理主要诊断:(1)脓毒败血症;

(2)左足足背皮下蜂窝织炎;

(3)肝肺多发性脓肿。

炎217 多发性肾脓肿 (Poly-abscess of kidney)

观察内容:自己描述。

炎218 多发性肾脓肿 (Polyabscess of kidney)

观察内容:肾脏肿大,肾表面可见多个米粒大小的脓肿,部分脓肿互相融合。切面皮质增厚,隐约可见小脓肿,肾髓质及肾盂黏膜淤血。

炎219 纤维素性脓性胸膜炎 Fibrinous suppurative pleurisy

观察内容:标本为小儿左肺,胸膜被覆灰黄色纤维素性渗出物,肺切面有多个黄豆至蚕豆大脓肿。

炎220 纤维素性脓性胸膜炎 Fibrinous suppurative pleurisy

观察内容:肺胸膜增厚,表面大部分区域被覆着片状、灰白灰黄色、纤维素性、脓性渗出物,肺切面可见数个脓肿,其中一个大脓肿的脓液已流掉,其余肺组织灶性实变。

提示:(1)浆膜腔主要有哪几个?

(2)浆膜炎是否常有积液及积脓?

(3)痊愈时可能有何后果?

炎221A/B 纤维素性脓性胸膜炎伴机化 (A583) (Fibrinous pleurisy)

观察(A):左肺胸膜增厚,被覆一层渗出物,呈灰黄色。镜下可见由纤维素及脓细胞组成。

病历摘要:45岁,男性。咳嗽、胸痛月余,以肺结核、高血压等入院,血压160 ~ 200/90 ~ 120 mmHg,白细胞(11.5 ~ 23.8)$\times 10^9$/L,中性粒细胞占38%,X射线拍片,右肺有散在的小点及网状阴影,左侧胸膜增厚,有条索状及片状物,临床按肺结核、支气管肺炎及高血压治疗无效。

主要病理诊断:(1)左侧脓胸(有脓液1500 ml);

(2)纤维素性脓性胸膜炎。

3.出血性炎 Hemorrhagic inflammation

炎222 出血性膀胱炎 Hemorrhagic cystitis

观察内容:自己描述。

炎223A/B 纤维素性、脓性、出血性膀胱炎 Fibrinous suppurative hemorrhagic cystitis

观察内容:膀胱壁水肿增厚,黏膜面有大小不等的斑状出血,并有灰黄色纤维素性脓性渗出物被覆。

炎224 假膜性炎(扁桃体白喉) Pseudomembranous inflammation

观察内容:自己描述。

(三)慢性增生性炎 Chronic proliferative inflammation

炎301 慢性(结石性)胆囊炎 Chronic cholecystitis and cholecystolithiasis

观察内容:胆囊壁明显增厚,系结缔组织增殖所致,黏膜灰黄色,囊内有一鸽蛋大之结石。

炎302 慢性(结石性)胆囊炎 chronic cholecystitis and cholecystolithiasis

观察内容:胆囊壁明显增厚,系结缔组织增殖所致,胆囊内有多个结石(多面形的胆固醇-胆色素-钙质结石)。

炎303 慢性(结石性)胆囊炎 chronic cholecystitis and cholecystolithiasis

观察内容:自己描述。

炎304 慢性(结石性)胆囊炎伴瘘管形成 Chronic cholecystitis with fistula formation

观察内容:胆囊内有一直径约2 cm卵圆形淡黄色胆结石,胆囊壁增厚,尤以远端为著,经胆总管至腹壁瘘管口通有一根铁丝。

炎305 胆囊结石 Cholecyslolithiasis

观察内容:自己描述。

炎306 慢性胆囊炎 (G2475) Chronic cholecystitis

观察内容:自己描述。

炎307 慢性膀胱炎 Chronic cystitis

观察内容:自己描述。

三、显微镜切片(Microslide)

炎1# 鼻息肉(Nasal polyp)(观察各种炎性细胞)

低倍镜:组织表面被覆假复层纤毛柱状上皮,间质高度水肿,血管增生、扩张,有大量淋巴细胞、浆细胞、中性粒细胞及少量的嗜酸性粒细胞、巨噬细胞浸润,并见卢梭氏小体形成。(见图炎1#A。)

高倍镜:注意观察以下几种炎性细胞:

(1)中性粒细胞:圆形,胞浆粉染,核呈分叶状;

(2)巨噬细胞:体大,胞浆丰富,核呈肾形、马蹄形或椭圆形,偏位,大多来源于单核细胞;

(3)浆细胞:圆形和椭圆形,胞浆丰富,略嗜碱性,核呈圆形,位于细胞的一侧,染色质呈车轮状排列于核膜下,核周有空晕;

(4)嗜酸性粒细胞:圆形,胞浆粉染,胞浆内可见嗜酸性颗粒,核呈分叶状(以两叶核多见)。(见图炎1#B。)

炎2# 急性蜂窝织炎性阑尾炎 (Acute phlegmonous appendicitis)

肉眼观:阑尾的横断面。

低倍镜:阑尾黏膜上皮可见脱落缺损,阑尾腔内有少量脓性渗出物。黏膜层、黏膜下层、肌层和浆膜层均有不同程度的充血和水肿,以及以中性粒细胞为主的炎性细胞弥漫浸润。(见图炎2#A/B。)

炎3# 假膜性炎(Pseudomembranous inflammation)

取自口腔内组织。

低倍镜:部分区被覆的鳞状上皮坏死脱落,该处有一层红染的假膜,假膜与下方组织紧密粘连,假膜下方小血管丰富,并有轻度水肿和少量中性粒细胞浸润。(见图炎3#A。)

高倍镜:假膜由纤维素、坏死组织碎屑、中性粒细胞及细菌团构成。(见图炎3# B。)

炎4# 肝脓肿(Abscess of liver)(示教)

肉眼观:切片中淡染区为脓肿腔所在处。

低倍观:镜下见脓肿壁由坏死组织、纤维素及炎性肉芽组织构成,肉芽组织较薄,其中新生小血管扩张充血,有以中性粒细胞为主的炎性细胞浸润,脓肿腔内有大量脓细胞及坏死组织等构成的脓液,脓肿周围肝细胞有脂肪变性、水肿。间质内有炎性反应。(见图炎4#A/B。)

炎5#　慢性胆囊炎(示教)　Chronic cholecystitis

肉眼观:见胆囊壁明显增厚。

低倍镜:黏膜皱襞因充血、水肿和炎性细胞浸润而增粗,表面黏膜上皮部分脱落,黏膜层、肌层、外膜可见中等量炎性细胞浸润,肌层和外膜内因纤维组织增生而增厚。(见图炎5#A/B。)

高倍镜:浸润的炎性细胞主要为淋巴细胞、单核巨噬细胞、浆细胞和嗜酸性粒细胞。

四、思考题(pondering questions)

1. 炎症的基本病理变化包括变质、渗出和增生,它们之间有何联系?哪些变化为抗损伤过程?哪些变化为损伤过程?可对机体构成哪些危害?试举例回答。你能否举出一些炎症例子,说明它们同时具有变质、渗出、增生三种变化?

2. 化脓和积脓有何异同点?

3. 炎症介质在炎症的病理过程中有何作用?

第四章 肿 瘤
Tumor

一、目的与要求(Purpose and request)

1.掌握肿瘤的一般形态及组织结构特点,重点掌握肿瘤的异型性、肿瘤的生长方式和扩散途径。

2.重点掌握良、恶性肿瘤的区别,上皮及间叶组织良、恶性肿瘤的形态特点。

3.绘瘤2#号、瘤4#号高倍镜图;绘瘤6#号低倍镜图。

二、大体标本(Gross specimens)

观察方法:肿瘤标本的观察首先要辨认其发生的组织或脏器,然后根据肿瘤的外观形状和生长方式,判定其良、恶性(肉眼判断常较困难,往往要结合镜下观察)。一般来说观察肿瘤标本,往往要从以下几方面考虑:

(1)发生部位、数目;

(2)形状:如巨块、结节、息肉、菜花、分叶状、囊状或浸润型等等;

(3)大小:如粟米大、黄豆大、鸡蛋大、拳头大等(临床病理中需准确测量);

(4)颜色;

(5)质地;

(6)活动度;

(7)切面观及有无包膜等。

(一)肿瘤的一般形态、生长方式与扩散 Shape and growth manner and spread of tumor

1.肿瘤的生长形态与生长方式

瘤101 膀胱乳头状瘤 Papilloma of bladder

观察内容:膀胱黏膜大部分黏膜皱襞已消失,有三处瘤结节呈乳头状隆起突向腔内,质松软,已脱落,表面呈细颗粒状,有坏死灶。(见图瘤101。)

瘤 102 A/B/C/D 皮肤乳头状瘤 Papilloma of skin

观察内容:皮肤表面见一外生性肿物,呈分枝乳头状,根部有蒂和基底相连。切面上灰白色的结缔组织作为中轴伸入乳头的中心。(见图瘤 102。)

瘤 103 乳头状瘤 Papilloma

观察内容:自己描述。

瘤 104 A/B 皮肤鳞状细胞癌 Squamous cell carcinoma of skin

观察内容:皮肤表面突起一圆形巨块,表面粗糙,形如菜花,质坚硬,局部有破溃与出血。(见图瘤 104。)

瘤 105 A/B 皮肤鳞状细胞癌 Squamous cell carcinoma of skin

观察内容:自己描述(见图瘤 105。)

瘤 106 A/B 皮肤鳞状细胞癌 Squamous cell carcinoma of skin

观察内容:自己描述。

瘤 107 A/B 皮肤鳞状细胞癌 Squamous cell carcinoma of skin

观察内容:自己描述。

瘤 108 A/B 皮肤鳞状细胞癌 Squamous cell carcinoma of skin

观察内容:自己描述。

瘤 109 A/B/C/D 胃癌(溃疡型) Gastric carcinoma (ulcerative type)

观察内容:手术切除的部分胃标本,胃小弯有一 2.5 cm ×5 cm 的椭圆形溃疡,溃疡边缘隆起,底部高低不平,溃疡边缘及底部均有黑褐色斑点,为出血灶,溃疡旁一侧胃黏膜皱襞消失。

瘤 110 A/B 子宫平滑肌瘤 Leiomyoma of uterus

观察内容:成人手掌大的子宫,切面见子宫壁内肌层之间有一圆形的结节,为肿瘤,肿瘤与周围分界清楚,切面灰白色,由纵横交错的平滑肌束所构成,子宫腔受压变窄。(见图瘤 110。)

瘤 111 A/B/C/D 子宫平滑肌瘤 Leiomyoma of uterus

观察内容:自己描述。

瘤 112 A/B 子宫平滑肌瘤 Leiomyoma of uterus

观察内容:自己描述(多发性)。(见图瘤 112。)

瘤113 A/B 乳腺癌 Carcinoma of breast

观察内容:乳腺皮下脂肪组织内见灰白色的癌组织,向深层呈浸润性生长,肿瘤无包膜,与周围组织分界不清,可见乳头下陷,局部皮肤呈橘皮样外观。(见图瘤113。)

瘤114 A/B 乳腺癌 Carcinoma of breast

观察内容:自己描述。

瘤115A/B 乳腺癌 Carcinoma of breast

观察内容:自己描述。

瘤116 皮肤鳞状细胞癌 Squamous cell carcinoma of skin

观察内容:自己描述。

瘤117 (肝内)胆管囊腺癌 Biliary cystadenocarcinoma

观察内容:取自肝内的灰白色囊状组织,大小15×14×7 cm,切面囊实性,实性区灰白、质嫩,局部灰黄,囊性区壁厚0.2–0.4 cm。(女性,52岁。)

2.**转移** Metastasis

瘤201 A/B 淋巴结转移癌 Metastatic carcinoma of lymph node

观察内容:淋巴结体积增大(如核桃大小),切面呈灰黄色、不透明区为转移的癌组织。

瘤202 淋巴结转移癌 Metastatic carcinoma of lymph node

观察内容:淋巴结体积增大(小杏大),质坚实。切面呈灰黄色、不透明的为癌组织。(此为胃癌的胃小弯淋巴结转移。)

瘤203 淋巴结转移癌(胃癌,溃疡型伴淋巴结转移) Metastatic carcinoma of lymph node

观察内容:自己描述。

瘤204A/B 肺转移癌 Metastatic carcinoma of lung

观察内容:两肺各叶均有蚕豆大小的结节形成,圆形,色淡黄,隆起于表面,与肺组织分界清楚(此为肝癌之肺转移)。(见图瘤204。)

瘤205 A/B/C 肝转移癌 Metastatic carcinoma of liver

观察内容:在肝切面上可见两个明显的结节,约蚕豆大,境界清楚,灰黄色。

提示:

1.通过对子宫平滑肌瘤、乳腺癌的形态观察，比较两种肿瘤的生长方式及对机体的影响有何不同。

2.肿瘤的转移方式有几种？哪些脏器常发生转移瘤？为什么？

瘤206 肾转移癌 Metastatic carcinoma of kidney

观察内容：肾脏表面可见数个绿豆到蚕豆大小的境界清楚的结节，结节略向表面隆起。

瘤207 肾恶性肿瘤的肝、肺转移 Metastasis of renal malignant tumor in liver and lung

观察内容：肝脏右叶边缘见核桃大两个肿瘤结节，境界较清楚。双肺几乎完全被蚕豆大小的瘤结节所代替。瘤结节圆形，色淡黄，隆起于肺表面，境界清楚。（见图瘤207。）

瘤208 A/B 肺转移癌(前列腺癌肺转移） Metastatic carcinoma of lung

观察内容：自己描述。

瘤209A/B 肺转移癌 Metastatic carcinoma of lung

观察内容：自己描述。

（三）常见的肿瘤

1.间胚叶组织来源的良性肿瘤

瘤301 A/B 纤维瘤 Fibroma

观察内容：小儿头大的肿瘤，外有被膜，质坚实，切面呈灰白色，可见明显的纵横交错的纤维束，半透明区域为黏液变性。

瘤302 纤维瘤 Fibroma

观察内容：自己描述。

瘤 303A/B 胃肠间质瘤，Gastrointestinal stromal tumor , GIST

观察内容(A)：小儿头大的肿瘤，长在小肠浆膜下，压迫肠腔，肠内容物通过受阻，故上段小肠壁代偿性增厚，肠腔扩大，肿瘤有包膜，质坚实，切面呈灰白色，可见纵横交错的纤维束。

瘤304 A/B/C （皮下）脂肪瘤 Subcutaneous lipoma

观察内容：皮下有一小儿头大的肿瘤，呈球形，有包膜，外表呈分叶状，质柔软，切面为淡黄色脂肪样组织。（见图瘤304。）

瘤 305　脂肪瘤 Lipoma

观察内容:自己描述。

瘤 306　脂肪瘤 Lipoma

观察内容:自己描述。

瘤307 A/B　海绵状血管瘤　Cavernous hemangioma

观察内容:皮下组织见一椭圆形约苹果大之肿瘤,境界不清楚,切面:在灰白色基质中有大小不一的小囊,呈海绵状,部分囊内含暗红色血液。(见图瘤307。)

瘤308 (额部皮肤)海绵状血管瘤　Cavernous hemangioma

观察内容:约红枣大的肿瘤一个,向皮肤表面隆起,呈蕈伞样,皮肤皱缩,呈黑褐色,切面呈黑褐色。(见图瘤308。)

瘤309 A/B　脾淋巴管瘤　Lymphangioma of spleen

观察内容:脾脏体积增大,切面可见大小不等的囊,最大的约蚕豆大,多数为米粒至绿豆大,密集分布,呈蜂巢状,囊内充满灰褐色淋巴液。(见图瘤309。)

提示:试比较皮下纤维瘤和脂肪瘤在形态上有何特点?临床上如何鉴别这两种肿瘤?

瘤310　纤维瘤(伴钙化)　Fibroma

观察内容:自己描述。

瘤311　肝海绵状血管瘤　Cavernous hemangioma of liver

观察内容:部分肝脏切除标本,切面大部呈灰褐色、实性柔软,其周见肝组织、质实(女性,53岁)。

2.上皮组织来源的良性肿瘤

瘤401　甲状腺腺瘤 Adenoma of thyroid

观察内容:肿瘤约拳头大小,表面光滑,有完整被膜,切面有一大的囊腔,一侧囊壁有无数乳头状增生物,质软,浆液在切开时流出。

瘤402 A/B　甲状腺腺瘤　Adenoma of thyriod

观察内容:鸡蛋大的肿瘤,卵圆形,有被膜,切面呈蜂窝状,有囊腔形成(囊性变)瘤组织,具有半透明胶样外观。(见图瘤402。)

瘤403 A/B/C 卵巢浆液性乳头状囊腺瘤 Serous papillary cyst-adenoma of ovary

观察内容(A):肿瘤约排球大,具有光滑的包膜,切面有两个大囊腔,囊壁表面有无数红色乳头状的增生物,质柔软,浆液性内容物已于切开时流掉。(见图瘤403。)

瘤404 A/B 卵巢黏液性囊腺瘤 Mucinous cyst-adenoma of ovary

观察内容(A):小儿头大小的卵巢肿瘤,切面见有大小不等多数囊腔,腔内含胶状、半透明的黏液样物质。

瘤405 A/B/C/D 卵巢黏液性囊腺瘤 Mucinous cyst-adenoma of ovary

观察内容:自己描述。(见图瘤405。)

瘤406A/B/C/D 卵巢黏液性囊腺瘤 Mucinous cyst-adenoma of ovary

观察内容:自己描述。

瘤407 A/B 腮腺多形性腺瘤 Pleomorphic adenoma of parotid

观察内容:鸭蛋大肿瘤,表面呈结节状,有明显包膜。切面:一部分质地致密,另一部分呈蜂窝状,有囊腔形成,腔内充以黏液,于瘤组织一侧有坏死改变。(见图瘤407。)

3.常见的癌举例

瘤501 A/B/C 阴茎癌 Squamous cell carcinoma of penis

观察内容(A):阴茎龟头部呈菜花样增殖,表面呈颗粒状,有破溃出血。切面癌组织呈灰白色或黄色,向表面呈放射状条纹排列,深部及阴茎海绵体有出血。(见图瘤501。)

4.常见的肉瘤举例

瘤601 A/B 纤维肉瘤 Fibrosarcoma

观察内容:小儿头大的肿瘤,包膜不完整,部分已破坏,质软,切面呈淡红色,似鱼肉状,出血显著,灰白色半透明区域为黏液变性。(见图瘤601。)

瘤602 皮下纤维肉瘤 Subcutaneous fibrosarcoma

观察内容:标本为肿瘤的一部分,长在皮下,与皮肤分界不清,质软,切面呈淡红色,似鱼肉。

瘤603 A/B 骨肉瘤 Osteogenic sarcoma

观察内容:环绕胫骨上端有一小儿头大、质坚硬的肿瘤,切面胫骨上端的骨组织一部分保留,一部分为瘤组织所破坏,肿瘤呈淡红色,间有肿瘤性骨质,呈放射状结构,部分出血坏死,液化形成小囊。

瘤604 骨肉瘤 Osteolytic sarcoma

观察内容:环绕肩关节肱骨有一成人头大的梭形肿物。切面上肱骨头与骨干因受肿瘤破坏而致病理性骨折,瘤组织呈淡红色及灰黄色,与周围分界不清,瘤组织出血坏死严重。(男性,19岁。)(见图瘤604。)

瘤605A/B/C 骨肉瘤 Osteogenic sarcoma

观察内容:自己描述。

瘤606A/B 骨肉瘤 Osteogenic sarcoma

观察内容:自己描述。

5.其他特殊类型肿瘤

(1)畸胎瘤 Teratoma

瘤701A/B 卵巢成熟性(囊性)畸胎瘤(卵巢皮样囊肿) Mature teratoma of ovary (dermoid cyst of ovary)

观察内容:胎儿头大肿瘤,呈囊状,壁薄,囊内充满淡黄色油脂状物质及较多的毛发。(见图瘤701。)

瘤702A/B 卵巢成熟性(囊性)畸胎瘤 Mature teratoma of ovary

观察内容:自己描述。

(2)恶性黑色素瘤 Malignant melanoma

瘤703 恶性黑色素瘤 Malignant melanoma

观察内容:高出皮肤的椭圆形块状肿物,大小约4 cm ×6 cm,表面高低不平,有破溃,肿瘤表面、切面均呈黑褐色。

瘤704 (足背)恶性黑色素瘤 Malignant melanoma

观察内容:高出皮肤的杏子大小的肿块,蘑菇状,表面较光滑,呈灰褐色。切面肿块与基底紧密相连,无明显分界,瘤组织呈灰黄色及黑褐色。

瘤705A/B (足背)恶性黑色素瘤 Malignant melanoma

观察内容:自己描述。

3.神经组织来源的肿瘤

瘤706 A/B 神经胶质瘤 Neuroglioma

观察内容:标本为脑的正矢状切面。肿瘤位于丘脑和部分大脑部,并占据第三脑室,肿瘤与周围组织境界尚清楚,大小约6 cm ×4 cm,略呈椭圆形;切面瘤组织呈黄色,有出血灶。其中部分肿瘤组织已液化,形成大小不等的囊腔,最大的囊约枣大,囊内液体在切开时已流掉。((见图瘤 706。))

瘤707 神经胶质瘤 Neuroglioma

观察内容:自己描述。(见图瘤707。)

瘤708A/B 神经胶质瘤 Neuroglioma

观察内容:自己描述。

瘤709 神经胶质瘤 Neuroglioma

观察内容:自己描述。

瘤710 脑膜瘤 Meningioma

观察内容:肿瘤位于右侧颞叶底部,呈结节状,大小约7 cm ×6 cm ×5 cm,有完整包膜,肿瘤与周围组织境界清楚,质较硬,切面呈灰白色,可见纵横交错排列的纤维束,瘤组织压迫脑组织,两侧大脑组织不对称。

三、显微镜切片(Microslide)

瘤1# 纤维瘤 Fibroma

肉眼观:皮下有一椭圆形的结节状物,与周围组织有明显分界。

低倍镜:有完整的包膜,肿瘤细胞分化良好,与成熟的纤维结缔组织相似,但大量胶原纤维束粗细不一,纵横交错,呈不规则的编织状排列,胶原之间有两种细胞,一种类似于成纤维细胞(胞核较肥大,椭圆形,淡染),数量较少,另一种类似于纤维细胞(胞核细长,核较深染),数量较多。此外,瘤组织内见小血管。因瘤组织内胶原纤维多,细胞成分少,故属硬性纤维瘤,肿瘤周围染色较淡。(见图瘤 1#A/B。)

瘤2# 纤维肉瘤 Fibrosarcoma

肉眼观:取材于肿瘤的一部分。

低倍镜:无包膜。细胞多呈束状交织排列,部分瘤组织内有出血。(见图瘤2#A。)

高倍镜:瘤细胞分化不良,细胞大小、形状及染色深浅均不一致,瘤细胞呈梭形、卵圆形或不规则形,胞核大,胞浆少,核浆比例增大,核仁明显,病理性核分裂像较多。可见含有两核或多核的瘤巨细胞。瘤细胞间可见少量胶原纤维,并见较多毛细血管。(见图瘤2# B。)

瘤3# 直肠腺瘤 Adenoma of rectum

肉眼观:肠道腺瘤呈息肉状突向肠腔,有蒂相连。

镜下:见息肉状腺瘤的一部分,横切面内有大量黏液,少数腺体的腺上皮增生呈乳头状突向腺腔,间质充血、水肿,并有中等量炎性细胞浸润,部分间质有出血,肿瘤表面有脓性纤维素性渗出物及黏液附着。(见图瘤3#A/B。)

瘤4# 结肠腺癌 Colic adenocarcinoma

肉眼观:(切片为一段结肠)见结肠黏膜呈息肉状突起,着色较深的区域为瘤组织所在处。

低倍镜:息肉状肿物的一侧为癌旁肠黏膜,其余为癌组织,癌组织由多数大小不等、形态不一、排列不规则的腺管状结构组成,癌细胞呈单层或多层。切片一端见癌组织已浸润至黏膜下层、肌层和浆膜。黏膜表面脱落,被覆炎性渗出物,间质充血,有少量炎细胞浸润。(见图瘤4#A/B/C)

高倍镜:癌细胞呈高柱状,大小不一,胞浆略嗜碱性,核大深染,病理性核分裂像可见,有处癌细胞呈乳头状增生,突向腔内。(见图瘤4#D/E。)

瘤5# 乳头状瘤 Papilloma

肉眼观:(切片为皮肤乳头状瘤)肿瘤向表面突出,呈乳头状,色淡的部分为角化物质,色深的部分为鳞状上皮。

低倍镜:瘤细胞分化较高,其形态、排列、极向等与正常鳞状上皮细胞相似,其表面有大量红染的角化物质。乳头的中轴为纤维组织及血管。肿瘤底部可见皮肤附件,如皮脂腺、汗腺、毛囊等。(见图瘤5#A/B。)

瘤6# 皮肤鳞癌 Squamous cell carcinoma of skin

肉眼观:组织为鳞癌的一部分,癌组织染色较紫蓝。

低倍镜:切片中部,皮肤尚残留表皮,其余部分已为癌组织所破坏,癌细胞突破基底膜向深层浸润性生长,形成不规则的癌巢,在癌巢中,相当于基底层的细胞排列在癌巢的外围,与间质的结缔组织相连,相当于棘细胞层的细胞位于其内,癌巢中心呈层状红染的角化物,称为癌珠(或角化珠),癌巢周围的间质内有淋巴细胞和浆细胞浸润。(见图瘤6#A/B/C。)

高倍镜:可见棘细胞之间的细胞间桥。此例分化较高,为Ⅰ级鳞癌。

四、思考题(Pondering questions)

1.通过本章大体标本和切片的观察,你能否归纳出肿瘤的基本生物学特性是什么？试举例说明。

2.通过本章对肿瘤标本和切片的观察，请你总结一下良性肿瘤与恶性肿瘤的区别。

3.试述恶性肿瘤有何生物学特征？

第五章 心血管系统疾病

Diseases of cardiovascular system

一、目的与要求(Purpose and request)

1.重点掌握风湿性心脏病的病理变化、高血压病的各期病变、动脉粥样硬化症的基本病变。

2.掌握慢性心瓣膜病对血流动力学的影响,冠心病的类型、病变及后果。

3.绘心1#高倍镜图,绘心3#和心4#低倍镜图。

二、大体标本(Gross specimens)

心脏标本观察方法:正常心脏的大小约如本人的右拳,重量成年男性为270 g,女性为240 g,左心室壁厚为0.8~1.0 cm,右心室壁厚0.2~0.3 cm,正常二尖瓣口可通过二指,三尖瓣口可通过三指。观察心脏标本时应注意:

1.心脏大小是否正常。萎缩的心脏体积缩小,心冠状动脉弯曲如蛇行状,心尖较锐;肥大的心脏体积增大,全心增大时外观呈球形,心壁增厚,重量增加。

2.注意分清左、右心。正常情况下心尖向着左前方,左心室壁厚,右心室壁薄,如果已经暴露大动脉,则主动脉瓣的窦内有冠状血管的开口,相连的心腔为左心。

3.心包有无粘连,心外膜是否光滑,有无渗出物。

4.心肌的厚度、颜色、有无梗死和瘢痕。

5.心瓣膜是否菲薄透明,有无赘生物,瓣膜有无增厚、缩短、粘连,腱索有无增粗及粘连。

6.心腔有无扩张,可根据心脏形状,乳头肌及肉柱的情况来分析各心腔有无扩张。例如左心室高度扩张,心尖异常钝圆,乳头肌及肉柱扁平。

7.冠状动脉口有无狭窄,冠状动脉内膜是否光滑,有无增厚及斑块,腔内有无血栓。

(一)风湿性心脏病 Rheumatic cardiopathy

心 101　风湿性心内膜炎 Rheumatic endocarditis

观察内容：心脏增大，重460 g，左右心室均明显扩大，左心室壁厚1.1 cm，右心室壁厚0.4 cm，主动脉瓣膜闭锁缘上，见到一排细颗粒状、大小均匀、灰黄色，半透明的赘生物，排列整齐，附着牢固，不易脱落。二尖瓣膜及三尖瓣膜局部纤维性增厚。

病历摘要：男，15岁，6个月前有发烧、寒战、咳嗽、胸痛及心慌，于入院前1个月余，心慌气短，咳嗽、胸痛加剧，腹部逐渐胀大，尿少，色黄。查体：皮肤及巩膜黄染，心界扩大，各瓣膜区可听到收缩期及舒张期杂音，腹部膨隆，有移动性浊音，肝区有压痛。

心 102　风湿性心内膜炎 Rheumatic endocarditis

观察内容：三尖瓣闭锁缘上见到一排粗砂粒大、灰黄色赘生物，排列整齐，状如串珠，附着牢固，不易脱落。心脏增大，重量增加，右心室明显扩张，心外膜被覆有少量纤维素性渗出物，二尖瓣呈鱼口状狭窄。(见图心102。)

心 103　风湿性心内膜炎(A726)Rheumatic endocarditis

观察内容：主动脉瓣不规则增厚，表面见少量小颗粒状赘生物。左心室扩张(左心室壁厚0.9 cm)。

病历摘要：男，14岁，浮肿、心慌气短，乏力一年。入院前半月来心慌气短、浮肿逐渐加重，尿少，不能平卧。查体：口唇紫绀，心界向左扩大，心率118次/分，心尖部可听到2～3级收缩期杂音。右肺下部听到湿性啰音，腹部膨隆，有腹水征，肝在肋下两横指。

心 104　风湿性心内膜炎 Rheumatic endocarditis

观察内容：自己描述。

心 105　风湿性心内膜炎 Rheumatic endocarditis

观察内容：二尖瓣的闭锁缘上多个灰黄色粗砂粒大赘生物，附着牢固，不易脱落。左心室轻度肥厚及扩大(左心室壁厚1.3cm)。(见图心105。)

病历摘要：女性，22岁，活动时有心慌气短。查体：二尖瓣区听到收缩期杂音。

心106A/B 纤维素性心包炎(又称绒毛心) Fibrinous pericarditis(Cor villosum)

观察内容:心脏体积增大,心尖钝圆,心外膜表面被覆一层灰黄色渗出物,粗糙不平,如粗绒状,其中黑褐色斑点为出血灶。(见图心106。)

心107 纤维素性心包炎 Fibrinous pericarditis

观察内容:标本为壁层心包膜,表面被覆一层淡灰色纤维素渗出物,呈皱纹状。切面上心包膜明显增厚、致密,可见一个突起的纤维性索条。

(二)亚急性细菌性心内膜炎 Subacute bacterial endocarditis

心201 亚急性细菌性心内膜炎(A306) Subacute bacterial endocarditis

观察内容:主动脉瓣膜上附着大量灰黄色、表面高低不平的赘生物,质软,易脱落,主动脉瓣已完全被赘生物所掩盖,瓣膜被破坏,几乎穿孔。二尖瓣增厚,灰白色,腱索变粗,乳头肌顶部灰白色,增厚。(这些改变系风湿性病变的后果。)

心202 亚急性细菌性心内膜炎 Subacute bacterial endocarditis

观察内容:主动脉瓣纤维性增厚,尤以瓣膜游离缘明显,右半月瓣游离缘上有一个像毛笔头的赘生物,表面高低不平,右半月瓣与后半月瓣连接处的心室面有少量黄色赘生物附着。由于主动脉瓣增厚、变形,致瓣膜口发生狭窄,伴闭锁不全。左心室肥大及扩张是主动脉瓣膜病变的代偿性变化。(见图心202。)

心203 亚急性细菌性心内膜炎 Subacute bacterial endocarditis

观察内容:主动脉瓣为两瓣畸形(正常为三个半月瓣),瓣膜游离缘不规则增厚,表面附着褐黄色物质(血栓成分)及灰白色小颗粒(钙化物质)。左心室肥大及扩张是由主动脉瓣病变引起的。(见图心203。)

心204 亚急性细菌性心内膜炎 Subacute bacterial endocarditis

观察内容:自己描述。

(三)心瓣膜病 Valvular vitiun of the heart

心301 三尖瓣狭窄(风湿性心内膜炎所致) Tricuspid stenosis

观察内容:左心室未剪开,从切开的左房顶部观察,左心房扩大,房壁粗糙不平。右心室肥大、扩张,三尖瓣膜增厚、质硬,呈灰白色,不透明,瓣叶粘连。(见图心301。)

心302 二尖瓣狭窄(风湿性心内膜炎所致) Mitral stenosis

观察内容:二尖瓣增厚、短缩、瓣叶互相粘连,腱索略增粗并互相粘连。未切开以前,二尖瓣口狭窄,呈裂隙状,左心房显著扩张,左心室肥厚。右心室扩张及肥大。(见图心302。)

心303 二尖瓣狭窄及闭锁不全(风湿性心内膜炎所致) Mitral stenosis and insufficiency

观察内容:二尖瓣显著增厚、短缩、质硬,呈灰白色,不透明,瓣叶粘连,腱索增粗、短缩,乳头肌顶部亦呈灰白色,二尖瓣狭窄同时关闭不全。左心房、左心室扩张肥大,右心房、右心室边发生扩张与肥大,致使整个心脏增大。

心304 二尖瓣狭窄及闭锁不全(A–750)(风湿性心内膜炎所致) Mitral stenosis and insufficiency

观察内容:二尖瓣显著增厚、短缩,质硬,呈灰白色,表面高低不平,瓣叶互相粘连,腱索增粗、短缩,质硬,呈灰白色,表面高低不平。乳头肌上部呈灰白色,二尖瓣口狭窄并关闭不全。三尖瓣闭锁缘增厚,并可见少量灰白色赘生物。左右两侧心室壁增厚。心脏重320 g。

提示:以上心瓣膜病是怎样形成的,对血液循环有何影响?

心305A/B 梅毒性主动脉炎并发主动脉瓣闭锁不全 Syphilitic aortitis with valve insufficiency

观察内容:主动脉瓣连接部互相分离,瓣膜短缩,边缘增厚,主动脉根部扩张,内膜高低不平,出现灰黄色粥样硬化斑块。心脏增大(560g),左心室肥大及扩张。(见图心305。)

(四)高血压病

心401A/B 高血压性心脏病(B9727)Hypertensive cardiopathy

观察内容(A):心脏体积增大,重量增加(500 g),左心室增厚(1.7 cm),心腔无明显扩张。(见图心401A。)

病历摘要:男性,49岁。生前有左胸痛,发作时四肢发麻,周身出冷汗,某日上午喝酒2~3两,下午突然摔倒在地,当即昏迷,抢救无效死亡。

心402A/B /C 高血压性心脏病(A–392) Hypertensive cardiopathy

观察内容:自己描述。

心 403A/B/C/D　高血压性肾病(颗粒性固缩肾)(B9727) Hypertensive renal disease

观察内容:肾脏体积缩小,重量减轻,颜色苍白,质地坚韧,被膜已剥离,肾表面呈较均匀的细颗粒状。切面肾皮髓质变薄,肾盂周围脂肪多,皮髓质分界不清,肾实质中的小孔为硬化的小血管断面。(见图心 403。)

心 404　高血压性肾病(颗粒性固缩肾) Hypertensive renal disease

观察内容:自己描述。

(五)动脉粥样硬化(Atherosclerosis)

心 501A/B　主动脉粥样硬化(脂纹期)(A1141) Aortic atherosclerosis

观察内容:标本为部分胸主动脉,管壁内膜表面见灰黄色斑块状或条纹状病灶,病变略向表面凸起,多数分布在肋间动脉分支的开口周围。(见图心 501A。)

心 502A/B　主动脉粥样硬化(粥样斑块期) Aortic atherosclerosis

观察内容:胸主动脉的内膜面有散在灰黄色斑块,斑块高出内膜表面,界限清楚,有的斑块在动脉分支的开口部,有的斑块破溃,表面粗糙不平。(见图心 502。)

心 503A /B/C　主动脉粥样硬化(粥样斑块期) Aortic atherosclerosis

观察内容:自己描述。

心 504　冠状动脉粥样硬化　Coronary atherosclerosis

观察内容:左冠状动脉主干及左前降支的内膜表面见少量黄色突起的斑块,此即粥样硬化灶,尸检时见冠状动脉的横断面上,内膜的斑块呈小丘状突起,致使管腔狭窄。

心 505 A /B　主动脉粥样硬化(粥样斑块期)(A07018)　Aortic athero-sclerosis

观察内容:自己描述。

心 506　主动脉粥样硬化伴高血压性心脏病　Aortic atherosclerosis and hypertensive cardiopathy

观察内容:自己描述。

心 507　脑基底动脉粥样硬化　Basilar artery atherosclerosis

观察内容:自己描述。

三、显微切片(Microslide)

心 1#　风湿性心肌炎　Rheumatic myocarditis

肉眼观:组织致密,为实质性脏器。

低倍镜：心肌间质水肿，疏松，间质内散在呈梭形的风湿小体，主要分布于小血管附近。（见图心 1#A。）

高倍镜：风湿小体处胶原纤维肿胀，纤维素样坏死，其外围有风湿细胞和少量淋巴细胞、单核巨噬细胞及成纤维细胞，风湿细胞体大，圆形或多边形，胞浆丰富，略嗜碱性，单核或多核，核大、核膜清楚，横断面染色质在胞核中央呈块状集聚，似枭眼，故称为“枭眼细胞”。（见图心 1#B。）纵断面染色质沿胞核纵轴分布，呈“毛虫样”。

心 2#　亚急性细菌性心内膜炎 Subacute bacterial endocarditis

肉眼观：切片为二尖瓣膜，瓣膜的末端增大，有红染赘生物附着。

低倍镜：瓣膜末端一侧表面（心房面）附着血栓性赘生物，其内可见血小板小梁、纤维素、少量红细胞和白细胞，表面紫蓝色团块为细菌团，赘生物的根部有肉芽组织增生，及大量单核巨噬细胞和淋巴细胞等炎性细胞浸润，瓣膜内胶原结缔组织增生和小血管增生（正常瓣膜无小血管）致使瓣膜增厚变形。（见图心 2#A/B。）

心 3#　细小动脉性肾硬化 Arteriolar nephrosclerosis

低倍镜：肾皮质中见入球动脉、出球动脉和小叶间动脉管壁增厚，管腔变小，入球动脉或出球动脉的内膜下因血浆蛋白渗入而呈均匀红染无结构的玻璃样物质，小叶间动脉内膜纤维组织增生，致内膜增厚。

部分肾小球萎缩，纤维化和玻璃样变性，其所属的肾小管萎缩，间质纤维化伴淋巴细胞、单核巨噬细胞浸润，部分肾小球代偿性肥大，其所属肾小管代偿性扩张，扩张的肾小管中有均匀红染的蛋白管型。（见图心 3#A/B。）

心 4#　主动脉粥样硬化 Aortic atherosclerosis

肉眼观：主动脉着色淡的部位为增厚的内膜。

低倍镜：主动脉内膜显著增厚，表层为透明变性的胶原结缔组织，深部浅色区为粥样物质，粥样物由变性坏死组织的崩解物与类脂质混合组成，其中树叶状的空隙为析出的胆固醇结晶，在制片过程中被溶解所留的痕迹，少量蓝染的颗粒为钙盐沉积。（见图心 4#A/B。）

心 5#　冠状动脉粥样硬化 Coronary atherosclerosis

肉眼观：切片为冠状动脉的横断面，见一侧内膜呈半月形增厚（淡染处）致管腔狭窄。

低倍镜：增厚的冠状动脉内膜表层为透明变性的结缔组织，内膜深部的粥样物质中有胆固醇结晶溶解后遗留的树叶状空隙和少量钙盐沉着。

部分中膜因受压而萎缩，该处略薄。

四、思考题(Pondering questions)

1. 患风湿性心内膜炎和亚急性细菌性心内膜炎时,在心瓣膜上所形成的赘生物有何区别?

2. 在你所学过的疾病中,哪些主要累及左心?请写出这些疾病的名称,并简述各自的主要病变特点。

第六章　呼吸系统疾病

Disease of respiratory system

一、目的与要求(Purpose and request)

1.掌握慢性支气管炎、肺气肿、肺心病的病变及发病机理。

2.掌握大叶性肺炎和小叶性肺炎的病变及临床病理联系。

3.掌握硅肺的病变特点及肺癌、鼻咽癌的病理特点。

4.绘呼3#、4#低倍镜图,绘呼5#高倍镜图。

二、大体标本(Gross specimens)

肺脏标本的观察:

1.注意标本是左肺还是右肺。

2.肺表面是否光滑,有无增厚、粘连或渗出物。

3.切面:正常成年人肺泡肉眼观约针尖大小,整个肺呈海绵状。注意肺有无实变,病变的分布、大小、颜色及与支气管的关系,肺结构有无破坏,支气管有无扩张(正常支气管由肺门到肺边缘,由粗逐渐变细,到肺膜时则肉眼不能见),肺门淋巴结的大小及颜色。

4.成人肺膜下常见均匀分布的黑色炭末,其多少随职业及生活环境而变,不属于病变。

(一)肺炎:Pneumonia

炎 201A/B/C 大叶性肺炎 Acute severe virus hepatitis

观察内容:描述参见炎症。

炎 202A/B/C　大叶性肺炎 Acute severe virus hepatitis

观察内容:描述参见炎症。

呼 101　支气管肺炎(A936) Bronchopneumonia(小叶性肺炎,Lobular pneumonia)

观察内容:标本为一个小孩的肺脏,暴露的切面为左肺,在上、下叶均有散在的灰黄色及灰白色病灶,约图针头到米粒大,多位于小支气管周围,病灶以下叶为多。(见图呼101。)

呼102A/B 融合性支气管肺炎 Confluent bronchopneumonia

观察内容:标本为小孩肺脏,两肺各叶均有大小不等的实变肺炎病灶,所暴露的切面为右肺。在上、中、下三叶均有多数散在的大小不等的灰黄色实变病灶,病灶多围绕小支气管,有些病灶融合成片。(见图呼102。)

呼103 融合性支气管肺炎 Confluent bronchopneumonia

观察内容:自己描述。

呼104 融合性支气管肺炎并发肺脓肿 Confluent bronchopneumonia with pulmonary abscess

观察内容:右肺膜被覆多量纤维素性渗出物,肺组织大部实变,灰黄色,但实变区仍可见间以正常的肺组织,此为小叶性肺炎病灶融合的大体形态特点,尚见有散在脓肿,脓肿处肺组织完全破坏,脓肿壁不完整。背面左肺病灶融合成片,并有小脓肿。(见图呼104。)

(二)肺气肿 Pulmonary emphysema

呼201 A/B 弥漫性肺泡性肺气肿(A997) Diffuse alveolar emphysema

观察内容:肺脏体积膨胀,边缘钝圆,似吹胀的囊泡,颜色较浅,灰白色。

病历摘要:13岁,男性,咳嗽气喘1个月余,全身浮肿20天,既往有反复发作的肺部感染史。(见图呼201。)

查体:全身浮肿,呼吸困难,口唇紫绀,两肺有散在喘鸣音及多数小水泡音,心尖2级吹风样收缩期杂音,腹水征(-),住院3个月余,病情未有好转。

临床诊断:1.慢性气管支气管炎,弥漫性肺泡性肺气肿。

2.肺源性心脏病。

3.间质性心肌炎。

4.慢性肺淤血。

呼202 肺泡性肺气肿伴肺大泡形成 Alveolar emphgsema with pulmonaory ballar formation

观察内容:自己描述。

(三)支气管扩张 Bronchiectasis

呼301A/B 支气管扩张 Bronchiectasis

观察内容:左肺下叶切面,大小支气管分支均扩张,有的支气管横切面仍保持原形，有的管壁增厚，颜色灰白，有的支气管末端呈圆形囊状膨大，黄豆或蚕豆大小，支气管周围的肺组织有炎症改变。（见图呼301。）

呼302A/B 支气管扩张 Bronchiectasis

观察内容：自己描述。

（四）硅肺 Silicosis

呼401A/B 晚期硅肺合并结核（A917）Late silicosis with tuberculosis

观察内容：胸膜增厚，左肺切面各叶均有米粒至黄豆大的灰白色结节，部分结节相互融合，结节边缘清楚，质地坚硬，刀切时有砂粒样阻力感，于下叶上部有一约3 cm ×2.5 cm大的结核空洞，空洞壁较薄、灰白色，光滑，内附有少量坏死物，肺门淋巴结及气管旁淋巴结肿大，内有灰白色之硅结节。（见图呼401。）

病历摘要：男性，33岁，矿工，胸痛咳嗽五5年，气短2个月余，于入院前5年开始有胸痛、咳嗽，并有发热、盗汗，长期休养，按结核病治疗，未愈，入院前2个月出现下肢浮肿、心慌、气短。

体查：胸廓无畸形，呼吸表浅，两肺有散在少量湿性啰音，心界不扩大，心尖区有2级收缩期杂音。

临床诊断：肺结核、肺心病、硅肺。

病理解剖所见，除硅肺合并结核外，有右心肥大及扩张，慢性肝淤血，慢性肾淤血。

呼402 晚期硅肺合并结核（A917）Late silicosis with tuberculosis

观察内容：自己描述。

（五）恶性肿瘤

呼501A/B 鼻咽癌 Nasopharyngeal carcinoma

观察内容：头颅纵切面，见咽后壁、软腭有灰白色间灰红色癌组织，后鼻孔已为癌组织阻塞。癌组织穿通蝶窦，达到颅中凹底，并向前侵入下、中鼻甲。（见图呼501。）

病历摘要：58岁，男，1954年7月27日入院。于入院前5个月，先出现嗓子痛、张口困难，继之鼻呼吸受阻，有时流鼻血、头痛、眼痛、双侧颈部肿胀，疼痛日益加重。

呼502 肺癌（中央型）（A33） Carcinoma of lung

观察内容：胸膜呈纤维性增厚，切面上下两大叶粘连，上叶内可见癌组织由主支气管发生，沿支气管蔓延，并阻塞支气管腔，破坏管壁之软骨，癌组织呈灰白色,部分已发生坏死,并且已转移至气管及肺门淋巴结。此外,上叶肺组织内见灰白色结缔组织增生,致肺硬化,故体积缩小。(见图呼502。)

病历摘要:男性,57岁,慢性咳嗽已半年,发烧、胸痛半月,咳出黄色及白色黏痰,痰中带血丝,1952年8月上旬因发热发冷,头痛、胸痛、咳嗽加重入院治疗。

住院后一直按肺结核治疗,咳嗽、胸痛、咳痰、呼吸急促的症状并不消除,身体逐渐消瘦,胃纳不佳,于1953年4月1日死亡。

病理诊断:1.右支气管鳞状上皮细胞癌浸润至肺门及右肺上叶,纵隔淋巴结转移性癌;2.纤维素性胸膜炎;3.癌性恶病质。

呼503　肺癌(中央型)(A622)　Carcinoma of the lung

观察内容:自己描述。

呼504A/B　肺癌(中央型)　Carcinoma of the lung

观察内容:自己描述。

呼505　肺癌(周围型)　Carcinoma of the lung

观察内容:左肺上叶切除标本,距支气管下段1.5 cm紧邻胸膜,见一大小3×3×2 cm灰白色结节样肿物,切面灰白、实性、质中,与周围肺组织界限尚清(男性,62岁)。

呼506A/B/C　肺癌(中央型)　Carcinoma of the lung

观察内容:自己描述。

三、显微镜切片(Microslide)

呼1#　慢性支气管炎 Chronic bronchitis

肉眼观:组织结构疏松,呈蜂窝状。

低倍镜:支气管黏膜上皮杯状细胞分泌亢进,数量增多,与纤毛上皮的比值增大(正常为1:4)。黏液腺泡增生肥大,浆液性及混合性腺泡黏液化,使黏液腺数量增加(>50%,正常时30%),支气管腔内黏液积聚,黏膜肌肥厚,软骨可见钙化。间质水肿,血管扩张充血,淋巴细胞、浆细胞浸润。(见图呼1#A/B。)

呼2#　支气管肺炎　Bronchopneumonia

肉眼观:肺组织内见大小不等的散在实变区。

低倍镜:病变呈灶性分布,病灶多以细支气管为中心,细支气管黏膜上皮坏死、脱落,管壁受炎症破坏而不完整,腔内充以大量脓性渗出物,部分肺泡壁已破坏。病灶周围肺泡萎陷或呈代偿性气肿改变。(见图呼2#A。)

高倍镜：渗出物由大量中性粒细胞、单核巨噬细胞、脱落的上皮细胞和少量纤维素组成。（见图呼2# B。）

呼3# 大叶性肺炎 Lobar pneumonia

肉眼观：两块肺组织，一块结构致密，另一块较疏松。

结构致密部分：

低倍镜：病变呈弥漫分布，每一肺泡腔均充以大量炎性渗出物，部分肺泡腔内纤维素已溶解，肺泡壁受压变窄，毛细血管受压呈贫血状，支气管未见明显病变。

高倍镜：渗出物由大量粉染的纤维素、中性粒细胞、单核巨噬细胞及少数淋巴细胞组成。（见图呼3#A/B）

结构疏松部分：自己描述（参见循1#）。

呼4# 硅肺 Silicosis

肉眼观：切片内见多个圆形红染的小结节。

低倍镜：肺间质广泛纤维化，圆形红染小结节为硅结节。硅结节由呈同心圆状排列的胶原纤维构成，多数发生透明变性，有些结节互相融合成大结节。结节周围肺泡受压萎陷，有的肺泡内充满由浆液、尘细胞坏死崩解产物构成的红染物质。间质内有多量黑色炭末沉着，胸膜纤维性增厚并透明变性。（见图呼4#A/B。）

呼5# 原发性肺癌（小细胞神经内分泌癌）Primary carcinoma of the lung

肉眼观：肺组织内深染区为癌组织。

低倍镜：在肺组织内见成片的癌组织，癌细胞多，间质少，周围肺泡受压萎缩。

高倍镜：癌细胞裸核状，体积较小，排列密集，短梭形或圆形，部分似燕麦状（一端尖，一端钝圆），核深染。癌组织中可见多灶凝固性坏死。（见图呼5#A/B）

四、思考题（Pondering questions）

1. 大叶性肺炎、小叶性肺炎、间质性肺炎在病变分布、病变性质及组织结构方面有哪些不同？

2. 试述肺癌的病理类型、转移途径及合并症。

第七章 消化系统疾病

Diseases of digestive system

一、目的与要求(Purpose and request)

1.掌握慢性萎缩性胃炎的病变特点。

2.掌握溃疡病的特点及合并症。

3.掌握病毒性肝炎和门脉性肝硬化的病理变化和临床病理联系。

4.熟悉食管癌、胃癌、结肠癌和肝癌的类型及病理变化。

5.绘消1#、消3#的低倍镜图及消5#的高倍镜图。

二、大体标本(Gross specimens)

胃的肉眼观察:标本是沿胃大弯剪开的,故胃大弯在标本的边缘,观察胃时注意浆膜有无粘连增厚,或炎性渗出物,肌层有无破坏,黏膜有无萎缩、肥厚,有无溃疡、糜烂,溃疡的位置、大小、形状、数目,溃疡边缘黏膜有无增生肥厚,底部是否平坦,溃疡周围黏膜皱襞情况。

肝脏的观察:正常成人肝脏重1300 ~ 1500 g,大小(25~30 cm)×(19~21 cm)×(6 ~ 9 cm),表面光滑,切面可见肝小叶轮廓(肝小叶宽约10 mm)。

观察肝脏标本时应注意:

(1)表面:肝脏体积增大时可见肝穹窿增高,边缘较钝,被膜紧张。肝脏体积缩小时穹窿则较平,边缘较锐利,被膜皱缩。观察表面是否光滑,有无结节,结节的大小及分布。注意肝脏的颜色,脂肪肝呈黄色,肝脏淤胆时呈绿褐色等。并应了解质量及硬度。

(2)切面:肝小叶轮廓是否清楚,肝正常结构有无破坏,胆管有无扩张。

(一)胃、十二指肠病 Disease of stomach and duodenum

消101 A/B/C 慢性萎缩性胃炎(胃7) Chronic atrophic gastritis

观察内容(A):此为胃大部分切除标本。胃黏膜萎缩变薄,皱襞消失,以体、窦部小弯侧较明显。(见图消101A。)

消102 A/B 肥厚性胃炎 Hypertrophic gastritis

观察内容：自己描述。

消103A/B/C/D 慢性胃溃疡 Chronic gastric ulcer

观察内容：胃小弯近幽门侧有一个直径2.2 cm、近圆形的溃疡病灶，溃疡与周围胃组织界限清楚，溃疡边缘整齐，底部平坦，周围黏膜皱裂呈放射状。(见图消103。)

消104 A/B 慢性胃溃疡(对称性)(胃8) Chronic gastric ulcer

观察内容：于胃小弯近幽门侧，见两个对称性小而浅的溃疡病灶，一个大小为：0.5 cm×0.5 cm×0.2 cm，另一个为0.3 cm×0.1 cm×0.1 cm。溃疡周围有4.5 cm×7 cm区域黏膜皱襞消失。

提示：结合标本所见，考虑胃溃疡可能发生哪些并发症。

(二)病毒性肝炎 Viral hepatitis

炎 101A/B 102A/B 急性重型病毒性肝炎(急性黄色肝萎缩) Acute severe viral hepatitis or acute yellow hepatic atrophy

观察内容：描述参见炎症。

炎 103A/B 104 105 亚急性重型病毒性肝炎 Subacute severe viral hepatitis

观察内容：描述参见炎症。

(三)肝硬化 Liver cirrhosis

消201 A/B 门脉性肝硬化 Portal cirrhosis

观察内容：肝脏体积缩小，质量减轻(700 g)，质地坚韧，右叶穹窿平坦，边缘变薄，表面呈结节状，多数结节为小绿豆大，切面原有肝脏结构消失，为圆形或椭圆形的小结节所代替，小结节的周围有细窄的灰白色结缔组织包绕，部分结节呈浅褐黄色，系为胆色素着色。(见图消201。)

病历摘要：男性，46岁。于1958年因腹胀2个月入院，入院前2日因受凉而发烧，伴有腹泻，每日4～5次，内无脓血，以后腹胀逐日加重，食后不能平卧，气短，身体消瘦，皮肤、黏膜发黄而入院求治。查体：黏膜及皮肤黄染，腹部膨隆，坐时腹壁静脉怒张，肝、脾未扪及，腹部有波动感，扣诊有移动性浊音。腹水：黄色不凝固，相对密度1.010，培养无细菌，食道吞钡检查，食道下2/3有明显的静脉曲张现象。

消202 A/B/C 门脉性肝硬化 Portal cirrhosis

观察内容:肝脏体积缩小,重量减轻,质地坚韧,穹窿平坦,边缘变薄,表面满布大小比较均匀的小结节,多数结节为小绿豆大小。切面:结节呈浅灰黄色,圆形或椭圆形,排列密集,结节之间有细窄的灰白色结缔组织分隔。(见图消202。)

消203 A/B 坏死后性肝硬化 Postnecrotic cirrhosis

观察内容:肝脏体积缩小不明显,边缘变薄,穹窿平坦,呈灰黄色,肝脏表面布满大小不等的结节,大的如蚕豆大,小的如粟粒大,结节之间有薄厚不均的灰白色结缔组织分隔。(见图消203。)

消204 A/B 坏死后性肝硬化 Postnecrotic cirrhosis

观察内容:肝脏体积缩小,表面呈结节状,结节大小不等,切面见圆形岛屿状结节弥漫地分布于全肝,黄褐色。结节之间有厚薄不均的灰白色结缔组织分隔。(见图消204。)

提示:肝硬化时肝脏为什么呈结节状?

消205 A/B 胆汁性肝硬化(胆道阻塞所致)Biliary cirrhosis

观察内容:肝脏体积缩小不明显,表面黄绿色,质地坚实,边缘稍钝,表面及边缘隐约可见针尖或芝麻大小细微颗粒。其中一标本胆囊显著增大,因胰头癌压迫胆总管,胆汁瘀积所致。

(四)消化系统恶性肿瘤 Malignant tumor of digestive system

1.食管癌 Carcinoma of esophagus

消301 A/B 食管癌(髓质型)Carcinoma of esophagus (Medullary type)

观察内容:肿瘤位于食管中部相当于第二狭窄处,肿瘤累及食管约6.5 cm,食管全壁受累,壁厚达1.4 cm,黏膜已破坏消失,内腔闭锁,肿瘤上端食管壁厚、扩张。

病历摘要:谢×,男性,48岁。入院前2个月来于进食后觉心口疼痛,入院2日开始有恶心及饭后呕吐,食欲减退,身体日渐消瘦,呈恶病质表现。X射线检查:钡餐透视见食管相当于胸椎高度之处发生梗阻,食管上部轻度扩张。

病理诊断:(1)食管鳞状细胞癌(中段)并浸润至纵隔组织。(2)右肺肺炎肉质变(机化)。(3)肝淤血。

消302 A/B 食管癌(髓质型)Carcinoma of esophagus (Medullary type)

观察内容:肿瘤位于食管中段,长达5 cm,食管全壁受累,壁厚达1.2 cm,黏膜面有破溃,癌组织有出血。(见图消302。)

消303 食管癌(溃疡型) Carcinoma of esophagus (Ulcerative type)

观察内容:肿瘤位于食管中上1/3交界处(在食管与支气管分叉稍上的部位),长约6 cm,黏膜表面破溃,管腔未见明显狭窄,食管周围软组织已受侵犯。

2. **胃癌** Carcinoma of stomach

消401 A/B 胃癌(息肉型) Carcinoma of stomach (Polypoid type)

观察内容:癌组织呈结节状,灰白色,向腔内突起。(见图消401。)

消402 胃癌(蕈伞型)(胃374) Carcinoma of stomach (Fungating type)

观察内容 :自己描述。

消 403 A/B/C /D 胃癌(息肉型) Carcinoma of stomach(Polypoid type)

观察内容(B):胃体后壁见一7 cm×7 cm×4 cm大小肿块,肿块向腔内突出,肿块表面呈分叶状并见坏死、出血。肿块上方见一4 cm×4 cm×2 cm大小的溃疡。溃疡底部凹凸不平,较深处可见有脓苔附着,溃疡边缘不整齐,并有坏死及出血。上述病变周围及胃窦部胃黏膜皱襞消失,呈颗粒状。(见图403B)

消 404A/B 胃癌(息肉型,多发)(胃 67) Carcinoma of stomach(Polypoid type)

观察内容:自己描述。

消 405 A/B 胃癌(局部浸润型,环状浸润) Carcinoma of stomach (Cycle infiltrating type)

观察内容:胃幽门部胃壁增厚,最厚处2.5 cm,黏膜明显增厚,癌组织表面粗糙呈灰白色,肌层有灰白色网状癌组织浸润,浆膜层亦增厚,并见灰白色癌组织,幽门管腔狭窄。(见图消405。)

消 406 A/B 胃癌(局部浸润型,环状浸润) Carcinoma of stomach (Cycle infiltrating type)

观察内容:自己描述。

消 407A/B/C 胃癌(局部浸润型) Carcinoma of stomach (Local infiltrating type)

观察内容:胃黏膜面局部高起,该区黏膜皱襞消失,表面呈灰黄色,切面部胃壁显著增厚,癌组织色白,较致密而坚实。(见图消407。)

消408 A/B 胃癌(弥漫浸润型) Carcinoma of stomach (Diffuse infiltrating type)

观察内容:癌组织弥漫浸润胃壁,致胃壁增厚,胃腔狭小,癌组织呈灰白色,质硬,似皮革样,故称革囊状胃。(见图消408。)

消409A/B/C/D 胃癌(胶样型) Carcinoma of stomach (Mucoid carcinoma)

观察内容:胃浆膜面高低不平,有无数半透明泡状隆起,胃黏膜壁皱襞消失,可见绿豆大小灰白色小结节形成,胃壁增厚达3.2 cm,除褐红色肌层外,大部分组织呈胶样外观。(见图消409。)

提示:胃癌患者可有哪些症状?如何以病理标本所见进行解释?如何才能早期发现、早期诊断胃癌?

消410 胃癌(溃疡型) Carcinoma of stomach (Ulcerative type)

观察内容:自己描述。

3. **大肠癌** Carcinoma of large intestine

消501 A/B 结肠癌(隆起型) Carcinoma of colon (Protrude type)

观察内容:自己描述。

消502 A/B 直肠癌(溃疡型) Carcinoma of rectum (Ulcerative type)

观察内容:于肛门上2 cm处的直肠黏膜面有一椭圆形溃疡,大小约为3 cm×6 cm,边缘高起,底部高低不平,呈灰黄色。(见图消502。)

提示:消化道肿瘤形态上有哪些共同之处?

消503 直肠癌(溃疡型) Carcinoma of rectum (Ulcerative type)

观察内容:自己描述。

消504 A/B 结肠癌(浸润型)(武山分院S58) Carcinoma of colon

观察内容:一段结肠(脾曲部),其中间见一宽带状肿块突入腔内,肿物几乎完全环绕肠腔,肿块呈淡灰红色,表面呈粗结节状,凹凸不平,质脆软,有出血,癌组织已侵犯肌层,致肌层结构消失。(见图消504。)

病历摘要:王××,男,47岁。患者3个月来觉下腹部经常疼痛,便中带鲜血,食欲减退，明显消瘦，呈恶病质状态，血红蛋白8.6 g/L，钡剂灌肠透视，显示结肠脾曲部有一核桃大的充盈缺损，钡剂绕内侧而过。

病理诊断：结肠癌。

消505A/B /C/D 结肠癌（溃疡型） Carcinoma of colon

观察内容：自己描述。

消506 结肠癌（隆起型） Carcinoma of colon

观察内容：自己描述。

消507 结肠癌（浸润/溃疡型） Carcinoma of colon

观察内容：自己描述。

4. **肝癌** Carcinoma of liver

消601 A/B 肝癌（巨块型）伴坏死后性肝硬化 Liver cancer with post-necrotive cirrhosis（Massive type）

观察内容：肝右叶体积增大，左叶体积缩小，表面及切面均有多个大小不等的结节，肝右叶表面隆起，切面有一约10 cm×8 cm深黄色肿块，其周围有较小的肿瘤结节散在。（见图消601。）

消602 肝癌（巨块型）伴坏死后性肝硬化（A795） Liver cancer with postnecrotive cirrhosis（Massive type）

观察内容：肝重1405 g，质坚实，表面大部分区域见橘黄色蚕豆大及黄豆大的结节，于右叶顶部见一10 cm×12 cm的淡黄色巨块，表面与膈肌粘连。切面呈褐黄色，亦见黄豆至蚕豆大小之结节，分界明显，右叶顶部之巨块切面呈一致性，色淡黄，质软。

病历摘要：哲×，女，27岁。入院前1个月腹胀，加重6天，1个月来，大便呈黏液脓便，全身疲乏无力，腹胀，巩膜黄染，肝大至右肋缘下1.5 cm，脾大，约在肋缘下3 cm，腹部有波动感。

病理诊断：（1）坏死后性肝硬化；（2）原发性肝细胞性肝癌，两肺广泛转移癌；（3）血性腹水2500 ml；（4）食管下段静脉曲张伴发破裂。

消603A/B 肝癌（巨块型） Carcinoma of liver

观察内容：自己描述。

消604 肝癌 Carcinoma of liver

观察内容：自己描述。

消605 肝癌 Carcinoma of liver

观察内容:自己描述。

三、显微镜切片(Microslide)

消1# 慢性胃溃疡 Chronic gastric ulcer

肉眼观:切片中标本黏膜面见一凹陷,即为溃疡处。

低倍镜:自溃疡表面向深部逐层观察,溃疡处黏膜缺如,溃疡底部之表层可见渗出的少量纤维素及中性粒细胞,其下为一薄层红染无结构坏死组织,下为大量肉芽组织及瘢痕。正常肌层消失,由瘢痕组织所代替,可见增殖性动脉内膜炎及神经纤维断端小球状增生,浆膜血管充血及出血,为手术所致。(见图消1#A/B。)

消2# 急性普通型肝炎 Acute hepatitis

低倍镜:肝细胞广泛变性,肝细胞索排列紊乱、拥挤,致肝窦受压变窄,小叶间、汇管区见少数淋巴细胞及单核细胞浸润。

高倍镜:肝小叶内多数肝细胞胞浆疏松淡染(疏松样变),部分肝细胞体积大,圆形、胞浆空(气球样变),被膜下少数肝细胞体积小,红染(嗜酸性变),小叶内可见散在坏死灶,其内有中性粒细胞浸润(点状坏死)。(见图消2#A/B。)

消3# 门脉性肝硬化 Portal cirrhosis

肉眼观:组织中有多个圆形结节,即假小叶。

低倍镜:肝内结缔组织增生,将肝组织分隔成多个岛屿状圆形、类圆形结节,即假小叶。假小叶中央无中央静脉或出现在边缘,肝索放射状结构消失,排列紊乱。假小叶内部分肝细胞发生水肿或疏松样变,个别肝细胞体积大、红染,核大、单核或双核,为新生的肝细胞。假小叶之间有较密的纤维组织分隔,内见小胆管增生及多量淋巴细胞浸润。(见图消3#A/B。)

消4# 胃腺癌(进展期癌) Adenocarcinoma of stomach

低倍镜:标本一侧尚见正常的胃黏膜,而大部分黏膜被癌组织代替,癌呈不规则腺管状,大小不等,形状不一,癌细胞向腔内呈乳头状增生,腔内见坏死红染物质,癌组织浸润性生长达浆膜层。(见图消4#A/B。)

消5# 肝细胞性肝癌 Hepatocellular carcinoma

肉眼观:切片紫色处为癌组织。

低倍镜:肝组织一侧见成片癌组织,癌细胞呈索状或片状,其间血窦丰富,周围肝组织受压萎缩,其余肝组织内见散在癌结节,血管腔内可见癌栓。癌细胞呈多角形,体大,胞浆丰富,核大深染,可见多数病理性核分裂像。(见图消5#A/B。)

四、思考题(Pondering questions)

1.门脉性肝硬化、坏死后性肝硬化、胆汁性肝硬化三者之间的病理变化有何异同?

2.消化管道早期癌与进展期癌是以什么为标准的?

第八章 淋巴和造血系统疾病

Disease of the lymphatic and hematopoietic system

一、目的与要求(Purpose and request)

1. 了解淋巴瘤的分类,了解白血病的概念及分类。
2. 重点掌握霍奇金氏淋巴瘤的分类及特点。

二、大体标本(Gross specimens)

(一)淋巴瘤 Lymphoma

1. 非霍奇金淋巴瘤 Non-Hodgkin lymphoma

淋巴101 非霍奇金淋巴瘤 Non-Hodgkin lymphoma

观察内容:肿瘤大小约5 cm×9 cm×4 cm,质较软,切面呈均匀一致灰红色,似鱼肉,中央有一蚕豆大小灰黄色区,为坏死灶。(见图淋巴101。)

淋巴102 非霍奇金淋巴瘤 Non-Hodgkin lymphoma

观察内容:肠系膜上满布鸡蛋大、核桃大及苹果大的结节,有的在小肠浆膜面,有的互相融合,质较软,切面呈一致性灰白或淡粉红色。

病历摘要:李××,31岁,女。1958年5月1日入院,下腹肿块6个月余,6个月前发现左下腹有拳头大的包块,较硬,可上下活动,大小便正常,一般情况尚好,包块逐渐增大,偶尔腹痛、腹胀,食欲减退,日益消瘦,疲乏,不能操持家务。

病理诊断:非霍奇金淋巴瘤(需确定病理类型)。

2. 霍奇金淋巴瘤 Hodgkin lymphoma

淋巴103 霍奇金淋巴瘤 Hodgkin lymphoma

观察内容:多个肿大的淋巴结,最大的直径约4cm,灰白色,较软。切面呈均匀一致灰白色。

病历摘要:男,9岁。左颈部散在包块,逐渐增大1年。肿块时大时小,用抗结核药后曾缩小,后又增加,有盗汗史。检查:左颈沿胸锁乳头肌有多个肿大的淋巴结,大的如鸽卵,小的如蚕豆,锁骨上有串珠样肿大淋巴结,质软,与周围无粘连。

淋巴104 脾霍奇金淋巴瘤 Spleen of Hodgkin lymphoma

观察内容：脾肿大（重325 g），被膜稍增厚，切面暗红色，满布粟粒大小不整形灰白色的斑点。

病历摘要：18个月前开始发冷发热，头痛头昏，经治疗，仍长期发热，多种抗菌素均未能控制。

（二）白血病 Leukemia

造血201 慢性粒细胞性白血病 Chronic myelogenous leukemia

观察内容：脾脏重1830 g，大小29 cm×16 cm×7.5 cm，质地较硬，被膜增厚，表面紫红色，切面紫褐色，脾小体不清。肝脏重2470 g，大小20.5 cm×21.5 cm×8 cm。质地软，褐红色。

病历摘要：女性，29岁。6年前出现白血病血液改变，脾大、肝大，白细胞330000/mm^3，末稍血内见有髓细胞。

造血202 慢性粒细胞性白血病 Chronic myelogenous leukemia

观察内容：自己描述。

造血203 急性单核细胞性白血病 Acute myelogenous leukemia

观察内容：自己描述。

三、显微镜切片（Microslide）

淋巴1# 非霍奇金淋巴瘤（需确定病理类型） Non-Hodgkin lymphoma

低倍镜：淋巴结正常结构全部破坏，由弥漫性增生的淋巴样细胞所代替。
高倍镜：瘤细胞较大，胞浆少，核圆形，多有核仁。（见图淋巴1#A/B。）

淋巴2# 霍奇金淋巴瘤（混合细胞型） Hodgkin lymphoma（Mixed cellulanity）

低倍镜：淋巴结正常结构大部分被破坏（尚残留一些淋巴滤泡）。（见图淋巴2#A。）
高倍镜：细胞种类较多，有散在的R-S细胞，该细胞体积大，核大、核仁大、圆形、嗜伊红染色，核仁周围有空晕。有的R-S细胞为多核。此外尚有淋巴细胞、嗜酸性粒细胞及组织细胞等。（见图淋巴2# B。）

四、思考题（Pondering questions）

1. 霍奇金淋巴瘤（HL）和非霍奇金淋巴瘤（NHL）病变有何异同点？
2. 在你所学过的疾病中，哪些病可出现发热，肝、脾及淋巴肿大？各自有何病理变化特征？

第九章 泌尿系统疾病
Diseases of urinary system

一、目的与要求(Purpose and request)

1.熟悉弥漫性肾小球肾炎的分类、病理变化、临床病理联系;肾盂肾炎的感染途径、病理变化。

2.了解肾癌和膀胱癌的病理变化和临床病理联系。

3.重点掌握弥漫性肾小球肾炎和慢性肾盂肾炎的病理变化和临床病理联系。

4.绘泌1#、泌2#的低倍镜图。

二、大体标本(Gross specimens)

观察方法:

肾脏标本的观察

正常成人两侧肾脏共重250~300 g,大小为(3~4)cm×(5~6)cm×(11~12)cm,表面光滑,被膜易剥离,切面皮、髓质分界清楚,皮质厚6~7 mm,皮、髓质宽度的比例为1:3,肾盂容量为10~15 ml。

观察肾脏时应注意:

1.体积的大小(注意年龄的差别),表面是否光滑(有的肾脏表面呈分叶状,为胚胎发育残留,并非疾病所致),被膜是否容易剥离。

2.皮质的厚度、颜色,肾组织有无破坏,血管壁有无增厚。

3.肾盂有无扩张,肾盂黏膜是否光滑。

(一)肾小球肾炎(A343) Glomerulonephritis

泌101 急性弥漫性增生性肾小球肾炎 Acute diffuse proliferative glomerulomephritis

观察内容:5岁小儿肾脏,肾被膜易剥离,肾表面光滑,呈褐红色,有均匀散布的细小出血点,较图针头为小。切面上,皮质厚0.5 cm,呈褐红色,且见遍布的小出血灶,出血点在新鲜标本色红而明显,状如跳蚤所咬,故有“蚤咬肾”

之称。

泌102　快速进行性肾小球肾炎(A56)　Rapidly progressive glomerulonephritis

观察内容:两侧肾脏体积增大、重量增加(两肾共重376 g,正常成人两肾共重270 g左克),肾被膜尚易剥离,表面光滑,颜色淡黄色。切面皮质增宽,为8~10 mm,颜色淡黄。

病历摘要:患者24岁,男性,于1951年大腿部疼痛肿胀,发冷发热,后形成一瘘管,至1953年3月发生全身浮肿,日渐加重,且小便减少,头晕,眼花,腹胀,乏力,呼吸困难,食欲不振,至12月份尿量少,每日约100~200 ml,继之呕吐,恶心,咳嗽,痰中带血,饮食不进,临终前几日,谵语,抽搐,潮式呼吸,意识模糊。查体:血压140—130—120/110—106—90 mmHg,全身明显浮肿,胸腹腔有积液,血红蛋白13~3.5 g/L,红细胞(46万~158万)/mm^3,尿呈碱性,相对密度1.002~1.030;尿蛋白(+++),管型每次均可见到。

泌103　慢性肾小球肾炎　Chronic glomerulonephritis

观察内容:成人肾脏,肾脏体积显著缩小,仅重50克,约为正常重量的1/5,被膜不易剥离,由于强行剥离被膜而造成肾表面人为缺损,肾表面呈大小不均的浅灰褐色颗粒,肾硬度增加而坚实。切面皮质变薄,厚约0.4 cm,皮髓质分界不清。

泌104　慢性肾小球肾炎(A1029)　Chronic glomerulonephritis

观察内容:肾脏颜色苍白,体积缩小,左肾40 g,右肾40 g,被膜尚易剥离,表面呈颗粒状,颗粒大小不等,肾硬度增加。切面:皮质变薄,皮、髓质分界不清。(见图泌104。)

病历摘要:14岁男孩,入院前2年因受凉发烧,血尿,面部轻度浮肿而住院,诊断急性肾炎,经治疗浮肿消失,但血尿仍间歇出现。1974年12月16日,因受凉后上述症状加重,并有恶心、咳嗽等而入院。查体:临床发现阳性体征,实验室检查:尿:蛋白+++,白细胞1~3个/mm^3,红细胞3~5个/mm^3。血:血红蛋白5 g/L,红细胞157万/mm^3,中性粒细胞91%,淋巴细胞7%,单核细胞2%,二氧化碳结合力38.08%。NPN:135%。入院后第三天流大量鼻血,第四日突然呕吐咖啡样物500 ml,经抢救无效,于第九日死亡。

病理诊断:(1)慢性肾小球肾炎;(2)消化道渗出性出血;(3)肺小灶性出血;(4)脑水肿;(5)心肌间质性炎(轻度)。

(二)肾盂肾炎 Pyelonephritis

泌201A/B 慢性肾盂肾炎 Chronic pyelonephritis

观察内容:肾脏体积轻度缩小,被膜尚能剥离,肾表面高低不平,有多处大小不等的下陷疤痕形成,此为慢性间质性化脓性炎、纤维结缔组织增生、瘢痕收缩的结果,切面皮质变薄且厚薄不均,皮、髓质境界尚清楚。(见图泌201。)

泌 202A/B 慢性肾盂肾炎伴多发性肾囊肿 Chronic pyelonephritis

观察内容:自己描述。

(三)肿瘤 Tumor

泌301A/B 肾癌 Renal carcinoma

观察内容:肾脏明显增大,表面有出血。切面肾下极见一拳头大的肿瘤,该处肾组织已完全破坏消失,仅留上极少部分肾组织,肿瘤与残留的肾组织界限尚清。肿瘤呈灰黄色,瘤组织被宽窄不等的结缔组织分隔,癌组织内的黑色斑块为出血坏死。镜下观察:瘤组织已扩散到周围肾实质中。(见图泌301。)

病历摘要:男,50岁。上腹部肿块半年余,肿块渐长大,腹胀,无血尿。查体:在上腹部有一排球大小的肿块,质硬,表面呈结节状,有一定活动度。

泌302A/B 肾癌 Renal carcinom

观察内容:自己描述。(见图泌302。)

泌303 肾癌 Renal carcinom

观察内容:自己描述。

瘤101 膀胱乳头状瘤 Papilloma of bladder

观察内容:描述参见肿瘤。

三、显微镜切片(Microslide)

泌1# 急性毛细血管内增生性肾小球肾炎 Acute endocapillary proliferative glomerulonephritis

肉眼观:为实质脏器,结构致密,表面光滑。

低倍镜:大部分肾小球体积增大,肾小球毛细血管袢的系膜细胞、内皮细胞肿胀增生,致毛细血管腔变窄或闭塞,毛细血管节段纤维素样坏死,毛细血管袢内可见少数白细胞,肾小球囊腔内有少数脱落的上皮细胞和粉染的蛋白,偶见红细胞。近曲小管上皮细胞颗粒变性,部分肾小管腔内见蛋白管型和细胞管型。

间质充血、水肿。(见图泌1#A/B。)

泌2# 慢性肾小球肾炎(增生硬化性肾小球肾炎) Chronic glomerulonephritis

肉眼观:可见肾组织表面凹凸不平。

低倍镜:肾脏表面凹凸不平,凹陷区肾小球萎缩,部分肾小球纤维化、球性硬化,部分肾小球囊壁增厚,新月体或环状体形成,其所属的肾小管萎缩或消失。间质纤维化伴淋巴细胞浸润,动脉管壁增厚、管腔狭窄。凸出区的肾小球代偿性肥大,所属肾小管代偿性扩张,部分小管上皮细胞颗粒变性,管腔内可见蛋白管型。(见图泌2#A/B。)

四、思考题(Pondering questions)

1. 各型肾炎形态上各有什么特点?为什么会有这些变化?

2. 高血压病、动脉粥样硬化症、慢性肾小球肾炎和慢性肾盂肾炎都可以导致肾脏固缩,为什么?各是怎样发生的?解释不同形态的发生机理。

第十章 生殖系统疾病
Diseases of reproductive system

一、目的与要求(Purpose and request)

1. 掌握慢性子宫颈炎、子宫颈癌、葡萄胎及绒癌的病变特点。
2. 绘生1#低倍镜图及生2#高倍镜图。

二、大体标本(Gross specimens)

(一)子宫颈疾病 Cervical disease

1. **子宫颈炎** Cervicitis

生101A/B 慢性子宫颈炎 Chronic cervicitis

观察内容:子宫颈前后唇肥大,表面不光滑,有突起的小泡,切面为大小不等的Nabothin囊肿。(见图生101。)

生102 慢性子宫颈炎(合并子宫肌瘤) Chronic cervicitis with uterine fibroids

观察内容:自己描述。

生103 慢性子宫颈炎 Chronic cervicitis

观察内容:自己描述。

2. **子宫颈癌** Carcinoma of cervix uterix

生104A/B 子宫颈癌(外生菜花型) Carcinoma of cervix uterix (Exophytic cauliflower type)

观察内容:子宫颈阴道部完全被癌组织所代替,癌组织主要向外生长,灰白色,细颗粒状。

生105A/B/C 子宫颈癌(内生浸润型) Carcinoma of cervix uterix (Endogenic infiltrative type)

观察内容:子宫颈前后唇均肥大,并有小结节状突起。切面癌组织灰白色,已累及整个子宫颈。(见图生105。)

生106 子宫颈癌(内生浸润型) Chronic cervicitis with uterine fibroids

观察内容:自己描述。

病历摘要:女性,41岁。全子宫加双侧附件切除。组织学诊断为浸润性鳞状细胞癌,大细胞、非角化型癌,癌组织浸润宫颈内膜全层。

(二)滋养细胞疾病 Gestational trophoblastic diseases

1.葡萄胎 Hydatidiform mole

生201 葡萄胎 Hydatidiform mole

观察内容:子宫显著增大,肌壁变薄,宫腔内充满成串的灰白色半透明的水泡,状如葡萄,两侧卵巢均增大,呈囊状,为黄素囊肿。(见图生201。)

生202A/B/C 葡萄胎 Hydatidiform mole

观察内容:自己描述。

2. 绒毛膜癌 Choriocarcinoma

生203A/B 绒毛膜癌 Choriocarcinoma

观察内容(B):子宫增大,肿瘤向腔内突出,灰褐色,质地松软,并有紫褐色的出血区。

生204 绒毛膜癌 Choriocarcinoma

观察内容:子宫增大,子宫底部有一向宫腔内突出的肿物,约蚕豆大小,较松软,灰红色,卵巢内有黄素囊肿。(见图生204。)

生205 绒毛膜癌 Choriocarcinoma

观察内容:自己描述。

生206A/B/C 绒毛膜癌 Choriocarcinoma

观察内容:自己描述。

三、显微镜切片(Microslide)

生1# 葡萄胎 Hydatidiform mole

肉眼观:切片中可见大小不等的空泡,为肿大胎盘绒毛。

低倍镜:胎盘绒毛体积显著增大,绒毛间质高度水肿,血管消失。滋养叶上皮(合体细胞和朗罕氏细胞)增生,与子宫壁相接处有纤维素及少量蜕膜组织。(见图生1#A/B。)

生2# 绒毛膜癌 Choriocarcinoma

肉眼观:切片中紫蓝色区为癌组织。

低倍镜:癌组织已侵入子宫肌层内。

高倍镜:癌组织由两种细胞组成。一种为圆形、卵圆形或多角形细胞,分界清,核大,圆形,核仁清楚,似郎罕氏细胞,另一种细胞形态不规则,胞浆红染,分界不清,多核,深染,似合体细胞,两种细胞混合存在,以前者为主,病理性核分裂像易找到,癌组织有坏死。(见图生2#A/B。)

四、思考题(Pondering questions)

1. 试述子宫颈癌的病理发展过程经历了几个阶段,各阶段相应的病理变化有何特点。

2. 葡萄胎、侵蚀性葡萄胎和绒毛膜癌三者之间有无联系?它们在病变特点上有何异同点?

第十一章　传染病
Infectious diseases

一、目的与要求(Purpose and request)

1.重点掌握结核病的基本病变、转化规律,原发性与继发性肺结核病的发展过程及各型的病变特点。

2.重点掌握细菌性痢疾的病变特点及临床病理联系。

3.绘传1#高倍镜图。

二、大体标本(Gross specimens)

(一)结核病 Tuberculosis(Tb)

传101A/B　原发性肺结核病(肺原发综合征、急性全身性粟粒性结核病) Primary pulmonary Tb(Primary complex of lung, Acute systemic miliary Tb)

观察内容:右肺中叶近胸膜处有一黄色的干酪样坏死灶(原发病灶),肺门淋巴结肿大,约黄豆大小,切面呈黄色,为干酪样坏死(肺门淋巴结核)。两肺表面及切面、脾、肾、脑膜等处均有粟粒大之结核病灶,脑蛛网膜下腔有混浊渗出物堆积,支气管旁及气管旁淋巴结肿大,切面干酪样坏死。

病历摘要:女性,3岁小孩,入院时呈昏迷状态,全身极度衰竭,经治疗无效,于住院后第3天死亡。

传102A/B　原发性肺结核病(肺原发综合征、急性全身性粟粒性结核病) Primary pulmonary Tb(Primary complex of lung, Acute systemic miliary Tb)

观察内容(A):在肺叶中部近胸膜处有一黄豆大灰黄色的干酪样坏死灶(原发病灶),肺门淋巴结肿大,约黄豆大小,切面呈黄色,为干酪样坏死(肺门淋巴结结核),肺内原发病灶、肺门淋巴结结核及结核性淋巴管炎(标本上看不到)合称为肺原发病变群(原发综合征)。两肺表面及切面均有分布比较均匀、约图针大小之结核病灶,肝、脑膜有结核结节形成,蛛网膜下腔有混浊的渗出物堆积。气管旁淋巴结及颈部淋巴结肿大、融合,切面呈干酪样坏死。

病历摘要:男性,2岁小孩,入院前十余个月来常腹泻,每日4~5次,呈水样便,时轻时重,食欲差,疲乏无力,日渐消瘦,有时盗汗,入院前1日有呕吐现象,其母有结核病史。

传103 原发性肺结核病

观察内容:自己描述。

提示:原发性肺结核病变有什么特点?(见图传 103。)

传104A/B 粟粒性肺结核 Miliary tuberculosis of lung

观察内容:肺表面及切面均有散在均匀粟粒大小结核结节,结节境界多数清楚,切面部分肺组织海绵状结构消失,呈灰黄色实性干酪性肺炎的改变。

传105 粟粒性肺结核 Miliary tuberculosis of lung

观察内容:自己描述。

传106 粟粒性肺结核 Miliary tuberculosis of lung

观察内容:自己描述。

传107A/B 脾粟粒性结核 Miliary tuberculosis of spleen

观察内容:自己描述。

传108A/B/C/D 结核性脑膜炎 Tuberculosis meningitis

观察内容:脑膜血管旁散在粟粒大小的结核结节,蛛网膜下腔有渗出物,以脑底部较为明显。(见图传108。)

传109A/B 急性空洞型肺结核 Acute cavernous tuberculosis of lung

观察内容:胸膜轻度增厚,并有纤维素性渗出物,可见粟粒大至绿豆大灰黄色的结核病灶。切面见上叶上部有一约2.5 cm ×1.5 cm大小之空洞,空洞边缘不整齐,内壁附有干酪样坏死物。切面的其余部分见大小不等的灰黄色结核病灶,多数境界较模糊,病灶在上叶分布较密集,甚至融合成片,在下叶较稀疏。(见图传109。)

传110 浸润型肺结核伴急性空洞形成 Acute cavernous tuberculosis of lung

观察内容:自己描述。

传111A/B 慢性纤维空洞型肺结核 Chronic fibro-cavernous tuberculosis of lung

观察内容:胸膜纤维性增厚,脏、壁层胸膜粘连,肺大叶间粘连。切面,肺上叶见一巨大空洞,空洞壁由厚层结缔组织构成,内壁附有干酪样坏死物,并有残存的支气管和血管。下叶上部亦有大小不等的空洞,并有灰黄色结核病灶,呈干酪性肺炎的改变。(见图传111。)

传112A/B 肺结核瘤 Tuberculoma

观察内容:肺切面有一直径约3 cm的球形病灶,境界清楚,中心为干酪样坏死组织,周围呈多层状结构。(见图传112。)

传113A/B/C 肺结核瘤 Tuberculoma

观察内容:自己描述。

传114 肠结核 Tuberculosis of intestine

观察内容:一段回肠,黏膜面有一3 cm ×1.5 cm大小溃疡,其对应处浆膜面见沿淋巴管呈条索状排列的灰白色结核病灶(结核性淋巴管炎)。(见图传114。)

传115A/B/C 脊椎结核(A8L0) Spinal tuberculosis

观察内容(A/B):由第二胸椎至第十胸椎,椎体均发生干酪样坏死,第三至第九胸椎的椎间盘完全破坏,脊椎弯曲。(见图传115。)

病历摘要:8岁,女性,于入院前数月开始咳嗽,午后发热,食欲减退并有间歇性血尿,于1个月前病情加重,呼吸困难,全身浮肿。其弟有肺结核。查体:全身浮肿,面色苍白,呼吸促迫,脊椎后凸,两肺有细少的湿性啰音。

临床诊断:(1)急性血行播散性肺结核;(2)支气管肺炎;(3)肾结核;(4)营养不良性钙化;(5)胸椎畸形。

病理诊断:(1)慢性纤维空洞型肺结核;(2)支气管炎及支气管周围炎;(3)肝粟粒性结核;(4)椎骨结核;(5)左肾结核;(6)肝、肾、心细胞水肿。

(二)伤寒病 Typhoid fever

传201A/B 肠伤寒Typhoid fever of intestine

观察内容:回肠集合淋巴结及孤立淋巴结呈髓样肿胀改变,病变周围的黏膜无改变。肠系膜淋巴结肿大,如蚕豆及黄豆大小,质软。脾肿大,重80 g,质软,色暗红。

传202 肠伤寒 Typhoid fever of intestine

观察内容:回肠下段见五个圆形及椭圆形溃疡,边缘高起而整齐,其底部坏死物质完全脱落,溃疡长轴与肠管长轴平行,在近回盲部有一个较大的溃疡,底部尚见有坏死组织,肠腔面散在有绿豆大小灰白色隆起灶,为孤立淋巴结的病变。(本病为19岁女青年,高热昏睡一天多死亡。)(见图传202。)

传203 肠伤寒 Typhoid fever of intestine

观察内容:自己描述。

(三)细菌性痢疾 Bacillary dysentery

炎204、205、206 细菌性痢疾(假膜性肠炎)Pseudomembranous colitis

观察内容:描述参见炎症。

(四)流行性脑脊髓膜炎 Epidemic cerebrospinal meningitis

炎207、208 化脓性脑膜炎 Suppurative meningitis

观察内容:描述参见炎症。

三、显微镜切片 (Microslide)

传1# 粟粒性肺结核(增殖性) Miliary tuberculosis of lung(Proliferative)

肉眼观:切片内可见较多粟粒大小的红染实变区,并有融合现象。

低倍镜:肺组织散在多个粟粒大结核病灶,病灶中心红染无结构,为干酪样坏死物,边缘有散在的郎罕氏巨细胞、上皮样细胞,外周为淋巴细胞及少数成纤维细胞。(见图传1#A/B。)

传2# 急性干酪样肺炎(渗出性) Acute caseous pneumonia(exaudatic)

低倍镜:肺组织内见大小不等、境界不清的结核病变。

高倍镜:病灶中部是干酪样坏死,坏死物系肺组织及渗出物坏死崩解而形成,呈红染无结构的颗粒状,在部分坏死区内可见残存的核碎片;坏死区周围的肺泡内充满渗出物,渗出物由浆液、纤维素、单核巨噬细胞及淋巴细胞构成,有少量中性粒细胞,一般看不到上皮样细胞及郎罕氏巨细胞,仅在极个别区域,可见由这几种细胞构成的结核结节。肺泡壁毛细血管扩张充血,间质有单核巨噬细胞及淋巴细胞浸润,小支气管腔内亦有上述炎性渗出物,管壁有炎细胞浸润。

传 3# 肠伤寒 Typhoid fever of intestine

低倍镜:回肠两侧尚残存少许正常黏膜腺体,中央大部分黏膜坏死脱落,黏膜下层淋巴组织内组织细胞增生,肠壁各层充血、水肿及弥漫性单核巨噬细胞浸润。

高倍镜:增生的组织细胞为圆形,胞浆丰富,核圆,淡染,胞浆内有吞噬物,称“伤寒细胞”。由伤寒细胞构成的结节状病灶叫“伤寒结节”。

传 4# 流行性脑脊髓膜炎 Epidemic cerebrospinal meningitis

低倍镜:蛛网膜下腔增宽,内有脓性渗出物(中性粒细胞、单核巨噬细胞、淋巴细胞及纤维素渗出),在脑沟内尤为明显,软脑膜高度充血水肿及白细胞渗出,脑实质内无炎性细胞浸润。(见图传 4#A/B。)

传 5# 流行性乙型脑炎 Epidemic encephalitis B

低倍镜:软脑膜充血水肿,并有淋巴及单核巨噬细胞浸润,脑组织内可见散在分布的软化灶。

高倍镜:脑内(1)小血管扩张充血,血管周围有淋巴细胞浸润;(2)神经细胞变性坏死,细胞肿胀,尼氏小体消失,核偏位,细胞内可见小胶质细胞,此称为“噬神经现象”,重者可坏死;(3)坏死灶周围可见增生呈灶状分布,或弥漫性分布的胶质细胞;(4)低倍镜下可见软化灶呈疏松网状,并有炎细胞浸润。(见图传 5#A/B。)

四、思考题(Pondering questions)

1.原发性肺结核与继发性肺结核的病变特点有何不同?

2.肠伤寒、细菌性痢疾两种疾病主要累及肠道,试比较其肠道病变特点及受累部位有何不同。

3.流行性脑脊髓膜炎、流行性乙型脑炎及结核性脑膜炎在病变性质、侵犯部位、临床表现及预后方面有何区别?

附 录

1 心脏正常结构

心脏正常重量男性为300 ~ 350 g,女性为250 ~ 300 g,分为左、右心房及左、右心室四个部分。心房及心室的壁层自外向内由心外膜、心肌及心内膜三层构成。左心室的厚度约为右心室的3倍,一般成人左心室厚度约为1 cm,右心室约为0.3 cm。若心壁厚度超过正常值,表示心肌肥大;若低于正常值,往往为心室扩张。心瓣膜是心内膜向心腔折叠而成的瓣状结构,肉眼观柔软、透明,不见小血管。各瓣膜的周径为:三尖瓣10.85 cm,肺动脉瓣7.15 cm,二尖瓣9.50 cm,主动脉瓣6.75 cm。镜下,表面为一层内皮细胞,其下为较致密的结缔组织,这一致密组织与房室间的纤维环相连。

心肌由心肌纤维构成。心肌纤维互相连接形成致密的网状结构。在互相连接处,细胞膜特殊分化,形成闰盘。

2 胃的解剖结构和生理功能

胃是消化道最膨大的部分。成人胃重125 ~ 175 g,平均面积约30 cm×10 cm,平均容量1 ~ 2 L。新生儿胃容量仅30多ml,随年龄增长而容量逐渐增大。胃的大小和形状依胃内容物的多少而有不同。当胃特别充盈时,可下垂至脐或脐下;在极度饥饿时,则收缩成管状。胃分前壁和后壁,前后壁相接的上缘为胃小弯,下缘为胃大弯。胃小弯上端有食管的进口,称贲门;下端有移行于十二指肠的出口,称幽门。

一般将胃分为四部(区):近贲门的部分(一般指离贲门约3 cm宽的范围),称贲门部(区);自贲门向左上方突出的部分,即大致从贲门向大弯作一水平线,在此线以上的部分称胃底,新生儿和小儿的胃底不明显;胃的中部(上界胃底,下界角切迹至大弯连线)称胃体;近幽门的部分(在角切迹至大弯连线以下)称幽门部或幽门窦。在幽门窦中,离幽门约3 cm宽范围的肌壁较厚,称幽门管或幽门前区。

胃壁由黏膜、黏膜下层、肌层和浆膜层组成。胃空虚时,黏膜形成许多皱襞,这种皱襞在小弯处多纵行，在大弯处为斜行或横行，其他部分皱襞走向不规则。当胃饱胀时，黏膜皱襞变矮小甚而完全消失。正常胃黏膜厚0.7～0.8 mm，表面有许多纵横沟纹，将黏膜分成许多小块，称胃区。每区有许多凹陷小窝，称胃小凹，为胃腺开口处。胃镜观察，见胃黏膜呈微红的橙黄色，有闪光。经甲醛溶液固定后，则呈灰红色或灰白色。

组织学，黏膜表面由分泌黏液的单层柱状上皮被覆。黏膜深部有黏膜肌层，由内环外纵的平滑肌束组成，并分出薄束平滑肌纤维伸入固有膜，直达表面被覆上皮下。固有膜主要为疏松结缔组织，其中，有许多胃腺，并可有一些淋巴细胞、浆细胞和中性白细胞存在。胃腺有贲门腺、胃底(胃体)腺和幽门腺三种。所有胃腺均由胃小凹和分泌部组成。胃小凹底部生发层细胞为胃癌发生的主要区域。胃小凹与分泌部成分比例依不同类型胃黏膜而有所不同。贲门和幽门腺相似，胃小凹和分泌部各占一半，上半部为胃小凹，下半部为分枝黏液腺；不同点是贲门腺较幽门腺疏松排列并偶有小囊形成。幽门腺细胞浆可呈泡沫状、空泡状、颗粒状或玻璃样。

黏膜下层为疏松结缔组织，含有较大的血管、淋巴管、弹性纤维和Heissner神经丛。肌层由内斜行、中环行和外纵行三层平滑肌组成。内环层在胃十二指肠接合处形成幽门括约肌，环纵肌层间含Auerbach神经丛。胃浆膜层属于腹膜层的一部分，有一层间皮覆盖。

3 血管壁的组成和一般结构

除毛细血管和毛细淋巴管以外，血管壁从管腔面向外一般依次分为内膜、中膜和外膜。血管壁内还有营养血管和神经分布。

(一)内膜

内膜(tunica intima)是管壁的最内层，由内皮和内皮下层组成，是三层中最薄的一层。

1. 内皮细胞长轴多与血液流动方向一致，细胞核居中，核所在部位略隆起，细胞基底面附着于基膜上。

内皮细胞作为血管的内衬，形成光滑面，便于血液流动。内皮细胞和基膜构成通透性屏障，液体、气体和大分子物质可选择性地透过此屏障。

2. 内皮下层(subendothelial layer)是位于内皮和内弹性膜之间的薄层结缔组织，内含少量胶原纤维、弹性纤维，有时有少许纵行平滑肌。有的动脉的内皮下层深面还有一层内弹性膜(internal elastic membrane)，由弹性蛋白组成，膜上有许多小孔。在血管横切面上,因血管壁收缩,内弹性膜常呈波浪状。一般以内弹性膜作为动脉内膜与中膜的分界。

(二)中膜

中膜(tunica media)位于内膜和外膜之间,其厚度及组成成分因血管种类不同而异。大动脉以弹性膜为主,间有少许平滑肌;中动脉主要由平滑肌组成。血管平滑肌纤维较内脏平滑肌纤维细,并常有分支。

中膜的弹性纤维具有使扩张的血管回缩作用,胶原纤维起维持张力作用,具有支持功能。管壁结缔组织中的无定形基质含蛋白多糖,其成分和含水量因血管种类不同而略有不同。

(三)外膜

外膜(tunica adventitia)由疏松结缔组织组成,其中含螺旋状或纵向分布的弹性纤维和胶原纤维。血管壁的结缔组织细胞以成纤维细胞为主,当血管受损伤时,成纤维细胞具有修复外膜的能力。有的动脉中膜和外膜的交界处,有密集的弹性纤维组成的外弹性膜(external elastic membrane)

4 肝脏的肉眼观形态

肝为人体中最大的实质性器官,重1200~1500 g。肝脏的结构和功能均很复杂,本书只就肝的大体形态、组织结构、肝血管等,加以扼要叙述。至于肝脏功能,可参阅《生物化学》、《病理生理学》等书籍。

肝分前后两缘和前上、后下两面。前缘较锐,后缘钝圆。肝的前上面隆凸,邻接横膈。肝的前上面以镰状韧带为界分为左右两叶。右叶大而厚,左叶小而薄。肝的后下面有“H”形的左、右纵沟及横沟,左纵沟窄而深,沟前部有脐静脉索(肝圆韧带),为胚胎时脐静脉的遗迹;后部有静脉导管索(静脉韧带),为胚胎时静脉导管的遗迹。右纵沟阔而浅,前部为胆囊窝,容纳胆囊;后部为腔静脉窝,下腔静脉由此通过,窝内有2~3个较大的孔,肝静脉即在此注入下腔静脉。横沟即肝门,门静脉、肝固有动脉、肝管、肝的神经及淋巴管在此出入。在肝的后下面,由左纵沟将肝分为左、右两叶。在左右纵沟之间以横沟为界,在其前者为方叶,位于其后者为尾状叶。

(一)被膜和支架

肝的表面大部分都被覆一层浆膜,仅其后上面肝裸区处直接与横膈粘连。浆膜下方有薄层结缔组织,包裹整个肝脏。结缔组织在肝门处包裹进、出肝脏的血管、肝管、淋巴管和神经等的分支，并伸延进入肝脏内将肝实质分隔成无数小块，称为肝小叶。其间的结缔组织称为小叶间结缔组织。在正常人肝内，小叶间结缔组织很少，故小叶的境界不太明显。肝小叶内还有网织纤维构成的支架，支持肝细胞索及肝窦内皮细胞。若部分肝细胞坏死而网织纤维的支架完好，则肝细胞就可沿此支架再生恢复。

（二）肝的结构和功能单位

肝小叶（classic lobule）是肝脏的基本结构单位。小叶的中央，贯穿着一条壁很薄的中央静脉。在肝小叶的横断面上（切片上），可见肝细胞排列成梁索状，围绕中央静脉呈放射状排列，并相互连接成网状。从立体上看，肝细胞的排列并非梁索状，而是排列成不规则的、相互连接的单层细胞板状结构，称为肝板。肝板在小叶周边筑成一环形板层，称界板。肝细胞梁索之间，为互相沟通的血窦。两个肝细胞接触面之间为毛细胆管。在相邻数个肝小叶之间称门管区，其中，有小叶间胆管、小叶间动脉、小叶间静脉及小叶间淋巴管。

（1）肝细胞梁索（肝板）：由一或两行肝细胞构成，自中央静脉向肝小叶边缘呈放射状排列，并互相吻合成网。肝细胞是多边形的腺上皮细胞，胞体大，核圆、核内染色质较少，有核仁，部分肝细胞有双核；胞浆丰富，染成淡红色，杂有嗜碱性的部分。胞浆内有丰富的细胞器（线粒体、内浆网等），还有肝糖原、脂肪滴等。毛细胆管位于肝细胞梁索（肝板）内，在小叶内相互连接成网，肝细胞膜就形成它的管壁。

（2）肝窦：为肝细胞梁索间的血窦。窦壁内面衬有一层扁平的内皮细胞，附着在网织纤维支架上。内皮细胞较小，核着色较深。此外，在肝窦壁内，还有一种具有吞噬能力的细胞，其体积较内皮细胞为大，有突起伸入窦内，核较大，着色较浅，称为Kupffer细胞，属于单核巨噬细胞系统。它能吞噬清除细菌、病毒、异物以及衰老破碎的红细胞。它还可监视、抑制和杀伤体内的肿瘤细胞，尤其是肝癌细胞。此外，它还有处理和传递抗原、诱导T细胞增殖及参与调节机体免疫应答等作用。

（3）中央静脉：贯穿于肝小叶的中央，管壁仅由一层内皮细胞围成，管壁上有许多肝窦开口。中央静脉收集来自肝窦的血液，汇入小叶下静脉。

（三）肝脏的血管

肝的输入血管有门静脉和肝固有动脉。门静脉的主干由肠系膜上静脉和脾静脉会合而成。成人门静脉干长5.5 ~ 8 cm，平均6.5 cm，其口径约为1 cm。门静脉主干在肝门外分为左、右门静脉干，入肝后，在肝内反复分支，分为小叶间静脉（直径在400 μm以下），其最末梢分支的管径达280 μm时，则向周围成直角发出输入小静脉,由肝小叶周围注入肝窦。肝固有动脉自肝门处进入肝脏后,反复分支成为小叶间动脉,多数中央静脉汇合为小叶下静脉再集合成肝静脉回入下腔静脉。中央静脉的口径约45 μm。小叶下静脉的口径为90～200 μm。

5 支气管和肺的解剖结构

(一)支气管和肺的解剖概要

气管分叉后成为左、右主支气管,也称为Ⅰ级支气管。右侧Ⅰ级支气管,随右肺的3个肺叶分支为上、中、下3个Ⅱ级支气管(叶支气管);左侧者则随左肺两叶分为上、下2个Ⅱ级支气管。主支气管和叶支气管(除上叶支气管)均为肺外大支气管,其内径为7～12 mm。叶支气管以下的再分支均在肺内,其第一次分支称为段支气管,即Ⅲ级支气管,两肺共有约20支。依据段支气管的所属分支和相连的末梢肺组织,可将肺叶再分隔为相应的肺段。

通常段(Ⅲ级)支气管,以下又有9～12次的逐级分支,愈分愈细,管壁上的软骨和腺体的数目也渐次减少,至内径小于1 mm处,壁上的软骨和腺体消失,乃称为细支气管。细支气管可再分支2～3次,至管壁出现肺泡,即为呼吸细支气管。呼吸细支气管也可再继续分支3～5次,管壁上的肺泡数目,随分支而逐级增多。呼吸细支气管的终末分支,通过肺泡管与肺泡囊、终末肺泡相连。

肺的表面被覆一层浆膜,由间皮和其下的结缔组织构成,因此,肺的表面平滑、湿润而有光泽。进入肺内的支气管树状分支管道系统是肺的重要组成部分。肺的基本功能单位是肺小叶。肺小叶由薄层结构组织分隔为多角形锥状体,锥底向肺表面,锥尖向肺门。通常有3～5个终末细支气管和伴行的肺血管,自锥尖处进入肺小叶内。每个肺小叶又可分为若干(30～50)个肺细叶(肺腺泡),由肺泡管、肺泡囊和肺泡等末梢肺组织构成。

(二)支气管和肺的组织学概要

1. 支气管黏膜上皮和腺体

支气管黏膜的呼吸上皮由基底细胞、柱状纤毛和杯状细胞组成。各形细胞的基底部,均或多或少地与基底膜相连,形成假复层结构。通常Ⅴ级以上支气管黏膜基底细胞为1～2层,柱状纤毛细胞为1～3层,杯状细胞与纤毛细胞数目的比例,在1∶5左右。随着支气管的分支,呼吸上皮细胞层次逐渐减少,基底细胞仅为0～1层,纤毛细胞多为1层。杯状细胞减少最为显著,与纤毛细胞之比降至1∶200。

支气管腺体为分支管泡状腺,沿支气管壁分布在软骨与黏膜之间,但以两软骨片之间为多。随着支气管分支,腺体逐渐减少,与软骨片同时消失在细支气管壁内;也可先于软骨,在Ⅶ级或Ⅶ级以远的小支气管壁内消失。腺泡以浆液性为主,占54%;黏液腺泡较少,占25%~30%;混合腺泡不足5%。

2.细支气管和肺泡上皮

细支气管包括细支气管和呼吸细支气管两部分。前者管壁内无软骨、无腺体,内径<1 mm,是气体在肺内流动最狭小的通道;后者管壁出现不等量的肺泡,是肺内气体交换开始的部位。随着细支气管的多次分支,柱状纤毛上皮逐渐移行于无纤毛的立方形或扁平形上皮。杯状细胞消失。

肺泡细胞(pneumocyte)分为Ⅰ型和Ⅱ型两种。Ⅰ型肺泡细胞为薄扁平形,广阔的胞浆覆盖着约90%的肺泡内表面积,与肺泡气体交换功能有关。Ⅱ型肺泡细胞为立方形,镶嵌在Ⅰ型肺泡细胞之间,核大,圆形。胞质内有嗜银层状体(板层体),是其合成表面活性物质的贮存处,在降低肺泡表面张力方面较卵磷脂的作用更重要。

3.神经内分泌细胞(APUD细胞)

单个散在性分布于呼吸上皮细胞与基底膜之间,也称为Kultschitzky细胞(K细胞)。

此型细胞为低柱状,顶端略尖。胞浆透明、淡染,具有嗜银染色颗粒。细胞核椭圆形,染色质散在性分布,核仁不明显。超微结构观察,胞质内有电子密度大、均质状、有质膜包裹的神经分泌颗粒,直径200~300 μm。

4.软骨和平滑肌

支气管壁内软骨片的大小和数目,随支气管的分支逐渐变小和减少。至细支气管处,完全消失。较小或细支气管壁内的平滑肌细胞相互交连,呈双螺旋形,构成平滑肌束,逐级变薄,细胞数目逐渐减少,直至肺泡管开口处,成为调控肺腺泡内气体流动的闸门,也是平滑肌在气道内分布的终止处。

6 乳腺解剖学

乳腺从胸前隆出,其范围是从第二或第三肋骨开始,至第六或第七肋骨为止,外侧达腋前线,内侧近胸骨缘,直接位于胸大肌上,四周绕有脂肪组织,但无被膜。有结缔组织索通过脂肪组织,向前伸达皮肤,称为柯伯(Cooper)悬韧带;向后伸达胸肌筋膜上,称为后悬韧带。因此,悬挂胸前的乳腺可在胸壁前自由活动。乳腺可大可小,向下可伸达腹直肌和前锯肌上,向外可达腋中线,乳腺实质也可沿着悬韧带向前伸至真皮内,向后伸至胸大肌纤维束之间,尤其当哺乳分泌旺盛时,可有薄层乳腺组织分散至锁骨下、胸骨中线或背阔肌的边缘,位于外上象限的乳腺组织常较他处为厚,故发生于此处的乳腺肿瘤也常比他处多见。

乳腺组织学

乳腺是从大汗腺衍生而来的复管泡状腺。成年女性乳腺由15~25个腺叶(lobes)构成,腺叶之间隔以富有脂肪组织的结缔组织,称为叶间结缔组织(interlobar connective tissue)。由此分出的结缔组织把腺叶隔成许多小叶(lobules)的中隔组织,称为小叶间结缔组织(interlobular connective tissue)。每一小叶由10~100个以上的小管(ductules)构成,小管被衬单层立方状细胞,至妊娠、哺乳期则成为被衬腺泡上皮的腺泡(acinus)。小管(或腺泡)包绕一层薄的基底膜,在上皮细胞与基底膜之间嵌有狭长卵圆形细胞,胞核深,胞浆含有纤细的原纤维,酷似平滑肌细胞,称为肌上皮细胞(myoepithelium),围绕导管,当其收缩时,可将乳汁由腺泡经导管排出;小叶内小管汇集至小导管,称为末梢导管(termined duct),部分位于小叶内,部分位于小叶外,小叶由小管(或腺泡)和包绕小管的疏松黏液样纤维组织构成。小叶内为黏液样纤维性间质,末梢导管和小管相似,也衬有立方状或低柱状上皮,但其外层肌上皮细胞明显,故呈双层细胞构象。由末梢导管汇集成小叶间管(interlobular ducts),再由小叶间管汇集成腺叶间管(interlobar ducts),向乳头集中,形成由单层柱状上皮构成的输乳管(lactiferous ducts),互不吻合,直接开口于乳头。乳头基底部输乳管的局部扩张,形成输乳窦(sinus lactiferus),供作乳汁贮存处。近乳头表面的输乳管,变成圆锥状壶腹部(cone-shaped ampullae),被衬复层鳞状上皮;未受孕时在其腔内充塞上皮碎屑,可有效地阻塞导管开口。

7 淋巴结的组织结构

(一)概要

淋巴结(lymph node)为主要的外周淋巴器官,位于身体各处淋巴回流的通路上。

(二)淋巴结的组织结构

人全身共有淋巴结300~450个,以颈部、腋窝、腹股沟、盆腔、纵隔及肠系膜等处较多。为卵圆形小结节,小者直径仅1 mm,大者如蚕豆,一侧凹陷处称淋巴结门。周围往往可见一些脂肪组织。

1.被膜

淋巴结表面有由薄层结缔组织构成的被膜,内含少量的弹力纤维和平滑肌纤维。淋巴结门部结缔组织较厚,是血管、神经及输出淋巴管的出入处。输入淋巴管数目较多,常斜行穿越被膜进入被膜下淋巴窦(subcapsular sinus)。被膜的结缔组织伸入淋巴结内形成许多小梁(trabecula),构成淋巴结的支架。这些小梁在淋巴结的中央区互相吻合,小梁内有小血管穿行。淋巴组织积聚于小梁之间,以网状纤维为支架,网眼内充塞淋巴细胞。

2.皮质

为淋巴结的主要构成部分,位于被膜与髓质之间,是淋巴细胞密集区域,皮质的厚度随淋巴滤泡的大小和数目变动很大,由浅皮质区、深皮质区(副皮质区)和皮质淋巴窦组成。

浅皮质区或称外皮质区,紧贴被膜下淋巴窦下方,主要由B淋巴细胞构成的淋巴滤泡(lymphoid follicle)组成。滤泡呈圆形或卵圆形,位于浅皮质区,基部突入深皮质区。生发中心(germinal center)位于淋巴滤泡的中央部分,着色较淡,生发中心的外围有一层密集的小淋巴细胞,称为滤泡帽或套层(mantle)。淋巴滤泡间的浅部(约数个细胞厚度)属浅皮质区,有较多的处女型B细胞、少量树突网状细胞和T细胞。

深皮质区又称副皮质区(paracortical zone),位于淋巴滤泡间的深部和深部皮质,为弥散淋巴组织。深、浅皮质区之间无明显界线。分布在该区的淋巴细胞主要是T细胞,另有一些交错突网状细胞和巨噬细胞。此区又称胸腺依赖区(thymus-dependent zone)或T细胞区。深皮质区及其邻接的髓质部有毛细血管后小静脉(postcapillary veule),毛细血管后小静脉的断面,内皮细胞呈立方状,故又称高内皮小静脉(high endothelial venule)。这些静脉是淋巴细胞再循环的重要通道,血液中的淋巴细胞从此处进入淋巴组织,选择性地在特定部位定居。

皮质淋巴窦有被膜下窦和小梁周窦(peritrabecular sinus)。前者位于被膜下方,为互相连通的扁囊,窦壁衬以内皮细胞,输入淋巴管的淋巴液汇入窦内。小梁周窦沿小梁周围,多为较短的盲管。深皮质区的小梁周窦与髓质淋巴窦相通。

3.髓质

可分为髓索(medullary cord)和髓窦(medullary sinus)。淋巴结的中央部和靠近门部缺乏皮质,髓质紧邻被膜下窦。髓窦与髓索相间排列,窦壁亦衬有内皮细胞。髓窦内的淋巴细胞大多来自深皮质区的小盲淋巴窦,也可由髓索伸入。髓窦内还有网状细胞和巨噬细胞,有较强的滤过功能。髓窦与门部的输出淋巴管通连,也与邻近的被膜下淋巴窦相通。

髓索是接连副皮质伸入髓质淋巴窦之间的索状淋巴组织,彼此连接成网。

髓索内毛细血管较丰富,其中部常有一条中央微静脉,也是血液内淋巴细胞进入淋巴组织的重要通道。髓索内的细胞主要是B细胞,还有浆细胞、巨噬细胞及肥大细胞等。在抗原刺激下,髓索内可出现较多的浆细胞。

4.网状结缔组织

包括网状纤维和网状细胞,为淋巴器官和造血器官组织结构的支架,而且也参与免疫过程。网状纤维直径0.2~1 mm,无弹性,但有韧性。用银氨溶液浸染,网状纤维染成黑色,故又称嗜银纤维。纤细的网状纤维交织成网状,其中可见网状细胞。

(1)树突状网状细胞(dendritic reticular cell,DRC):主要分布在淋巴结、脾脏和黏膜相关淋巴组织中淋巴滤泡的生发中心,细胞有细长的突起盘结成网,其末端可伸入淋巴滤泡的帽带区。细胞核大而圆,核仁明显,染色质块粗。

(2)交错突网状细胞(interdigitating reticular cell,IRC):分布于T细胞区,属单核巨噬细胞系统的细胞。电镜下见细胞表面有许多指状突起互相交错而得名。细胞电子密度低,细胞器不发达。细胞核呈分叶状,有明显多形性,染色质细而少,核仁不明显。

(3)组织细胞性网状细胞(histiocytic reticular cell):又称巨噬细胞,为单核巨噬细胞系统的细胞。细胞形态不一,呈星形或梭形,胞浆丰富,有丝状伪足。核呈卵圆形或肾形。有较强的吞噬和消化功能,并参与免疫应答、免疫调节和抗感染等过程。

(4)纤维母细胞性网状细胞(fibroblastic reticular cell):在淋巴组织内散在分布于血管周围。

8 脾脏的正常结构

脾脏位于第9~11肋后,其长轴与肋弓平行,成年人脾平均重约140 g(100~170 g),脾被膜由一薄层含有弹力纤维的结缔组织构成,外面覆盖着浆膜间皮细胞。人脾被膜内仅含有极少量的平滑肌纤维。被膜结缔组织伸入脾实质形成小梁(trabecula),与来自脾门的小梁连接成网。脾动脉、静脉、淋巴管和神经由脾门出入。

肉眼所见 脾表面紫红质软。脾实质主要由红髓(red pulp)和散在于其中的白髓(white pulp)构成。切面显示,紫红色的红髓中到处散在着1~2 mm大小的灰白色白髓小结。

镜下所见 白髓由密集淋巴细胞构成,这些密集的淋巴细胞围绕小动脉

(直径约0.2 mm)形成动脉周围淋巴鞘(periarterial lymphatic sheath)。密集淋巴组织沿小动脉的细分支继续蔓延并扩大成为脾小结(splenic nodule),又称为Malpighia小体。脾小结位于动脉周围淋巴鞘的一侧,中央动脉偏位于小结中。脾小结大多含有生发中心,其中主要是B淋巴细胞。动脉周围淋巴鞘内主要是T淋巴细胞,是脾脏的胸腺依赖区。

红髓由脾血窦即脾窦(sinusoid)和脾髓索即脾索(splenic cord)构成。脾索由嗜银纤维构成细网并与小梁和被膜结缔组织直接相连接。脾窦由细网包绕支持,窦壁缺乏基膜,内皮细胞纵行排列,略似桶状,核向窦腔隆起。脾窦为开放性,内外相通,其被覆细胞具有吞噬作用。脾索是位于窦间的结构,主由网状细胞和网状纤维构成,其中含有各种血液细胞、巨噬细胞和一些浆细胞。

9 肾脏的解剖结构和生理功能

泌尿道一般分为上泌尿道和下泌尿道两大部分,上泌尿道是指肾脏,下泌尿道则包括肾盂、输尿管、膀胱和尿道等部分。

肉眼所见 肾呈蚕豆形,成人肾大小约12 cm×6 cm×3 cm,重140～150 g,依其位置每肾具有上下两级、前后两面和内外两侧缘。表面覆以纤维被膜;被膜菲薄而易于剥下,肾表面平滑湿润、深红棕色。婴儿的肾表面往往有深浅不同的沟纹,是胚胎肾分叶的结果,成人肾偶见保留这种状态。肾内侧缘中部肾血管、淋巴管、神经和输尿管等进出处称肾门,肾门膨大成一向内凹陷的腔窦称为肾窦,在肾窦内除含有肾盂上部、肾盏、肾血管、淋巴管和神经外,还有一定量的脂肪组织。肾小盏8～12个,呈杯状管,每个小盏包绕1个(偶有2个或更多)肾乳头,由2～3个肾小盏联合为大盏,数个大盏再联合成肾盂。成人肾皮质厚4～6 mm,淡红棕色,皮质向锥体间伸延部分称肾柱。在皮质切面上,仔细观察常可见到紫红小点状肾小球略向切面隆起。髓质由8～12个肾锥体组成,在锥体底部可见由集合管和髓袢所形成伸向皮质的髓放线。

镜下所见 每侧肾脏含有约100万个肾单位,每个肾单位由一肾小球及其所属肾小管包括近曲管、髓袢和远曲管组成。由多个肾单位的远曲管连接于一个集合管,多个集合管汇入于一个乳头管,再由乳头管开口于肾乳头。

肾小球由毛细血管丛和肾球囊两部分组成。毛细血管丛是由一根入球小动脉发出8～12支弯曲的毛细血管套入肾球囊而成,各支毛细血管间无吻合支存在,毛细血管丛在肾小球门处彼此互相融合成一根出球小动脉,入球小动脉口径较出球小动脉大。每个肾小球毛细血管丛大致可分为数个小叶,每个小叶中央有肾小球血管系膜(包括系膜细胞和基质)存在。肾球囊由壁层和脏层合成,壁层上皮扁平,脏层上皮似内皮细胞。肾小球的肾球囊脏层上皮、血管内皮细胞和系膜细胞在光学显微镜下不易区别,在电子显微镜下,则可清楚地加以识别。

肾小管可分为近曲管、髓袢、远曲管、集合管和乳头管等部分。在常规染色切片中,近曲管的上皮细胞较少,胞浆伊红染色较深,管腔狭窄而不规则。远曲管上皮细胞较多,胞浆伊红淡染,管腔宽而规则。髓袢降支较细,上皮细胞扁平,升支较粗,上皮细胞立方形。集合管上皮细胞立方形,胞浆透明。

电镜所见 肾小球毛细血管丛基底膜(GBM)有三层:中间电子致密层(lamina densa)和内外两侧狭窄的菲薄透明层(lamina rara externa),含Ⅳ型胶原、LM、硫酸类肝素蛋白多糖(heparan sulfate protea glycan)、entactin和少量其他蛋白质。GBM为肾小球的主要滤过屏障。正常成人GBM厚310 ~ 380 nm,小儿的较薄,男性的比女性的稍厚。GBM没有完全包绕毛细血管腔,在血管附着系膜处无GBM而由基底膜样物质包埋系膜细胞而形成的系膜基质所代替。系膜细胞具有平滑肌细胞、血管周细胞和肌纤维母细胞的特征,因此,系膜细胞具有收缩功能,且可能有通过调节肾小球血流而调整滤过的作用。系膜细胞产生生长因子,增补正常细胞,还有一些吞噬活动,以清除系膜内废物碎片。

脏层上皮细胞参与GBM合成并对肾小球滤过有重要作用。上皮细胞胞浆指状足突互相交错地附着于GBM的球囊侧,足突间距25 ~ 60 nm,并有裂隙孔的隔膜相连,隔膜厚4 ~ 7 nm,功能尚不清楚。球囊衬以扁平的壁层上皮细胞。

肾血液循环:肾动脉来自腹主动脉,在进入肾门之前分为4 ~ 5支,成为肾脏的节段动脉,将肾脏分为4 ~ 5个血管区,节段动脉彼此不相交通。节段动脉发出叶间动脉,叶间动脉向上行至皮、髓交界处分出弓形动脉,再由弓形动脉分出小叶间动脉。后者发出多个入球小动脉,形成多个肾小球毛细血管丛,然后再汇合成出球小动脉,最后由出球小动脉再形成毛细血管网。此外,弓形动脉还发出直动脉,直接供养髓质。肾血液回流是由皮质浅静脉、深静脉和髓质直静脉收集,引流至弓形静脉,从此流经静脉与动脉毗邻,最后形成肾静脉而直接注入下腔静脉。

肾脏的生理功能:主要为尿的生成,排泄蛋白质代谢产物含氮物质,调节水、电解质和酸碱平衡。此外,还有调节血压和产生红细胞生成素的作用。

10 子宫颈的正常解剖与组织结构

子宫颈(cervix uteri,uterine cervix)为子宫的下端部分,圆柱形,在发育正常的成年妇女,其长度为2.5~3.0 cm,又以阴道穹窿、转折区为界分为上下两部分:下部为阴道上部所包围,称为子宫颈阴道部(portio vaginalis),又称外子宫颈(exocervix);上部乃指阴道穹窿转折区以上的部分,称为子宫颈阴道上部(portio suprava ginalis)。上下两部的长度大体相等。

子宫颈中央为长2.5~3.0 cm的子宫颈管,子宫颈管为一前后扁平的狭腔,其中间1/3部分稍扩大,使整个子宫颈管呈前后扁平的长梭形。子宫颈管的上端开口于子宫腔,称为子宫颈内口;下端开口于阴道,称为子宫颈外口。外口在未生育妇女呈圆形,在经产妇则呈横裂形,或由于分娩撕裂而呈分支裂隙形。子宫颈外口前侧部分称为子宫颈前唇,其后侧部分则为后唇。子宫颈阴道部表面被覆以复层鳞状上皮,此黏膜经阴道穹窿区而与阴道黏膜相连续。子宫颈管表面即子宫颈内膜(endocervix)则由单层柱状上皮覆盖,后者表面形成数条纵行黏膜皱襞。

子宫颈的淋巴引流系统,发源于子宫颈内膜下方深部组织,在子宫颈与子宫体之间的狭部两侧,形成子宫颈左右侧淋巴丛,称为子宫颈旁淋巴丛(paracervical plexus)。由后者发出四条引流淋巴道分别引向下列淋巴结:髂外及闭孔淋巴结、下腹(髂内)及髂总淋巴结、骼棘淋巴结及膀胱后壁淋巴结。但淋巴引流道常呈各种变异,如有时可与子宫体的淋巴系统相交通,并由此而向卵巢、腹股沟等处的淋巴结引流。

组织学上,子宫颈阴道部黏膜被覆复层鳞状上皮,上皮细胞内含有丰富的糖原。子宫颈黏膜即子宫颈内膜则被覆分泌黏液的单层柱状上皮。在这两类被覆上皮之间,位于子宫颈外口处,有一宽约数毫米的移行带(transitional zone)。子宫颈黏膜固有膜主由结缔组织纤维构成,其间不规则地夹杂着一些平滑肌纤维束,其数量不等,并逐渐移行于子宫体肌层,但子宫颈阴道部则往往缺乏平滑肌组织。子宫颈肌层的平滑肌含量较少,主要由较致密的结缔组织构成。

11 皮肤组织学概要

(一)表皮(epidermis)

位于皮肤表面,主要含角质细胞(keratinocytes),还含有黑色素细胞(melanocytes)、郎格罕细胞(Langerhans' cells)和美克耳细胞(Merkel cells)。在角质细胞分化过程中形成基底细胞层、棘细胞层、颗粒细胞层、透明层和角化层。

1.基底细胞层

为表皮最底层,由一列圆柱形细胞构成,呈栅状排列。其中主要为基底细胞,杂以少数的黑色素细胞。前者,核圆形或卵圆形,深染,常无明显的核仁,核分裂像常见(分裂活动细胞),为表皮细胞的衍源,由此不断向上生长,形成表皮各层细胞,其胞浆内(keratin)往往可见有黑色素颗粒存在。

基底膜(basement membrane):为紧贴基底细胞层下的一层膜性结构,在苏木素、伊红染色切片中不能看见。用PAS染色才能发现。

2.棘细胞层

位于基底细胞层上面,由基底细胞分化而来,正常表皮在真皮乳头上的棘细胞层较薄,4~5层,表皮钉突的棘细胞层较厚,可达10~12层。在病理情况下棘细胞层可明显增厚(acanthosis)。棘细胞比基底细胞大,胞浆较丰富,嗜酸性,核呈空泡状,有核仁。靠近基底层的细胞大致呈圆柱形,较浅层的细胞变扁平,长轴与皮面平行。细胞间间桥明显。

3.颗粒细胞层

位于棘细胞层上面,细胞呈菱形或扁平,胞浆内充满透明角质颗粒,颗粒深嗜碱性,大小、形状不规则。

4.透明层

仅见于厚皮肤,薄皮肤的透明层不明显。位置紧接颗粒细胞层,由1~2层无核而境界不清的扁平细胞组成,呈均质嗜酸性层。

5.角化层

为表皮的表层,为上述颗粒层或透明层发展的结果,由含有角质蛋白和角质脂肪的无核角化细胞组成。

黑色素细胞(melanocyte):稀疏散布于基底细胞间,呈树枝状,无细胞间桥,因其能产生黑色素,故名黑色素细胞。在常规切片染色中表现为一种透明细胞,具有一小而深染的核和透明的胞浆。

黑色素细胞含有酪氨酸酶(tyrosinase),具有产生黑色素的能力。

Langerhans细胞来源于骨髓齿状细胞，其功能是给免疫T细胞呈递抗原，位于鳞状上皮上部，在常规染色切片中难以辨认。

Merkel细胞来源未定。在常规染色切片甚至特殊染色亦难辨认。集中分布于无毛的指、唇上皮内，毛囊外根鞘和触觉毛盘，并以胞浆突固定于邻接的角质细胞。

(二)真皮

真皮(dermis)主由结缔组织和基质构成，上接表皮，下连皮下脂肪组织，与表皮间有一基底膜存在。一般将真皮分为乳头部和网状部两部分，乳头部比网状部薄，两者间无明显分界。

1.乳头部

即真皮上部，主为凸向表皮的真皮乳头部分，由纤细而疏松的结缔组织构成，纤维分布无定向，但不互相交织，含有丰富的毛细血管和神经末梢。

2.网状部

即真皮下部，位于乳头部下面，由胶原纤维和纤维束组成，纤维束彼此互相交织成网状并大致与皮面平行，内含皮肤附属器。与乳头相比较，本部的胶原纤维较粗，血管较少。

真皮结缔组织含有胶原纤维、网状纤维和弹性纤维。其中，绝大部分(95%)为胶原纤维。胶原纤维由原纤维组成，并由许多纤维形成纤维束，纤维呈波形，有一定的伸缩能力。含少量的成纤维细胞(纤维母细胞)。在常规染色切片中，成纤维细胞胞浆境界不清，核梭形、淡染。网状纤维系未成熟的胶原纤维，在常规染色中不能看见，故可用硝酸银液染成黑色细网状物。正常皮肤仅有少量网状纤维分布于真皮上部、皮肤附属器和毛细血管周围。弹性纤维，在常规染色切片中亦不能检见，用特别的弹性纤维染色才能显现。弹性纤维呈螺旋形碎片状，缠绕于胶原束中，在真皮下部较多，与皮面平行排列，真皮上部的弹性纤维较少并与皮面垂直。

在真皮结缔组织内各种纤维间充满着基质。后者为无结构的物质，内含蛋白质、多糖体、可溶性胶原、酶和代谢物等。

真皮结缔组织内除含有成纤维细胞外，还有少数的组织细胞、肥大细胞、淋巴细胞和真皮树突细胞(dermal dendrocytes)存在。

(三)皮肤附属器

有汗腺、皮脂腺、毛发和指(趾)甲4种。

参考书目

1. 局部解剖学(第3版) 张绍祥、张雅芳主编,人民卫生出版社。
2. 组织学与胚胎学(第3版)李和、李继承主编,人民卫生出版社。

第一章
细胞和组织的适应、损伤与损伤修复

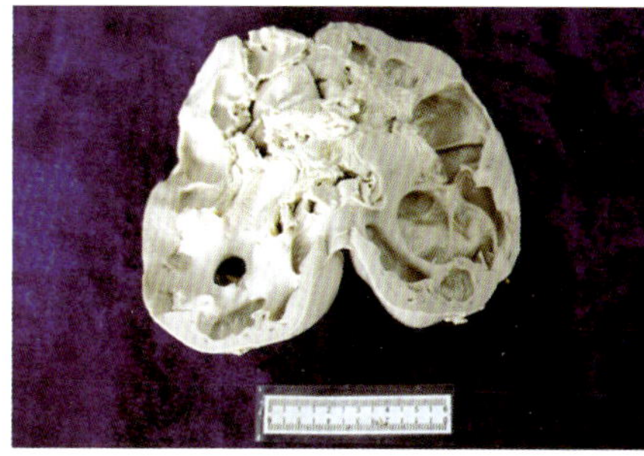

损 102　肾盂积水

损 201　肝水变性

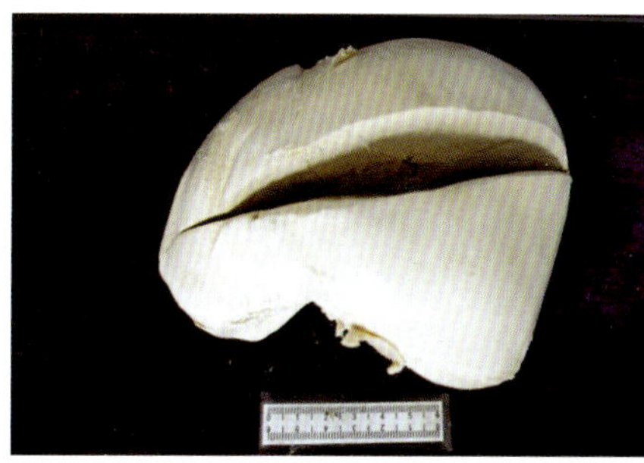

损 203　肝脂肪变性

损 204　肝脂肪变性(苏丹Ⅲ染色)

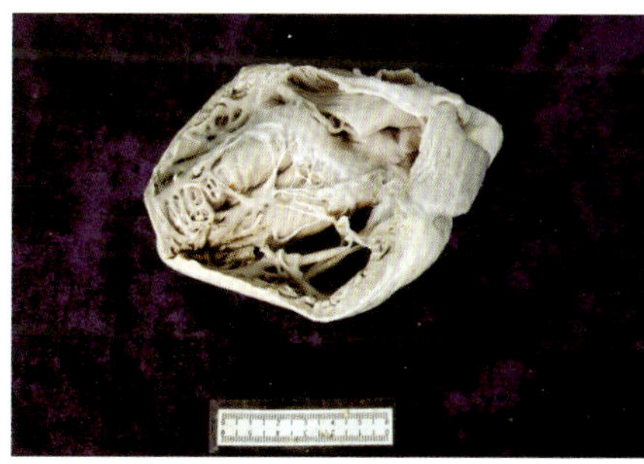

损 205　虎斑心

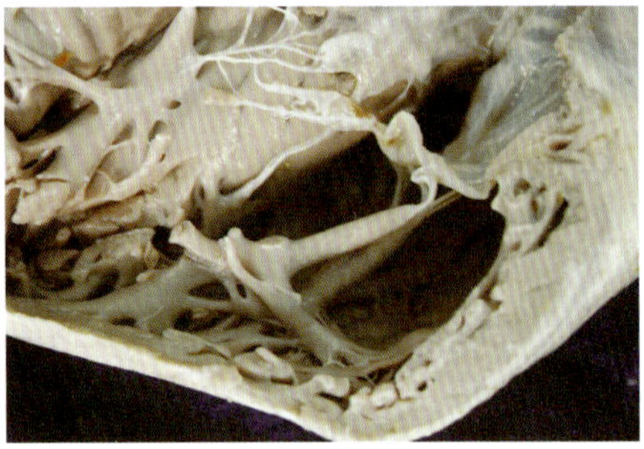

损205　虎斑心

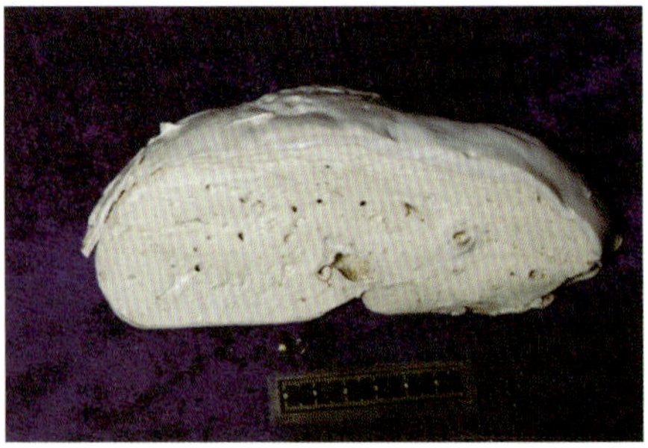

损206　糖衣肝

损301　肾结核

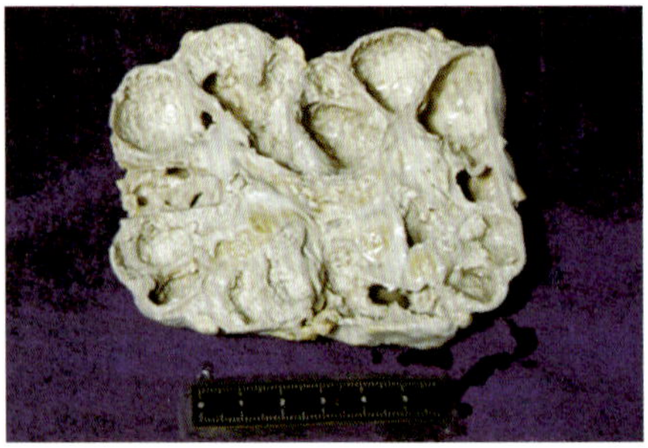

损302　肾结核

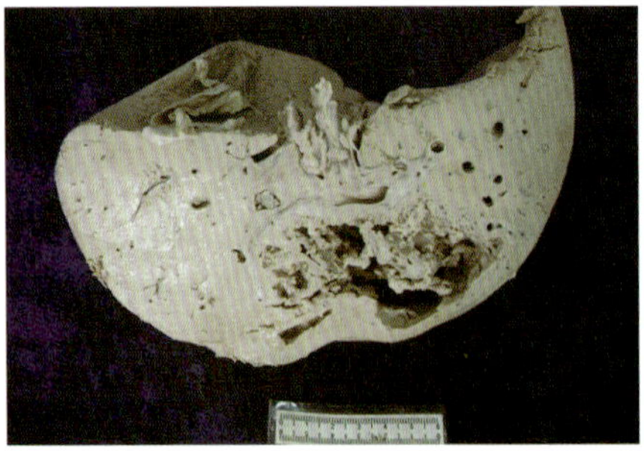

损303　肝脓肿(液化性坏死)

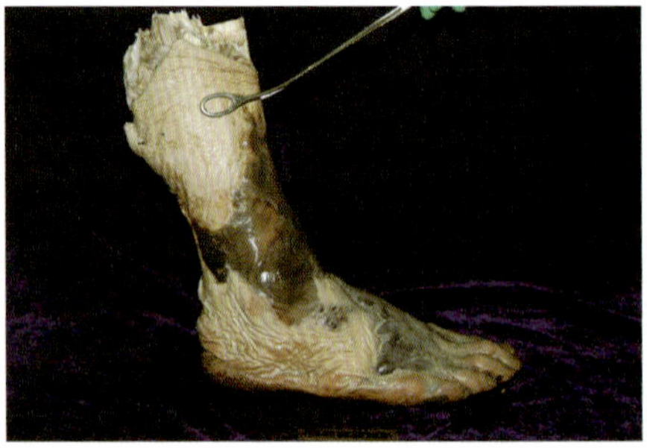

损306　足干性坏疽

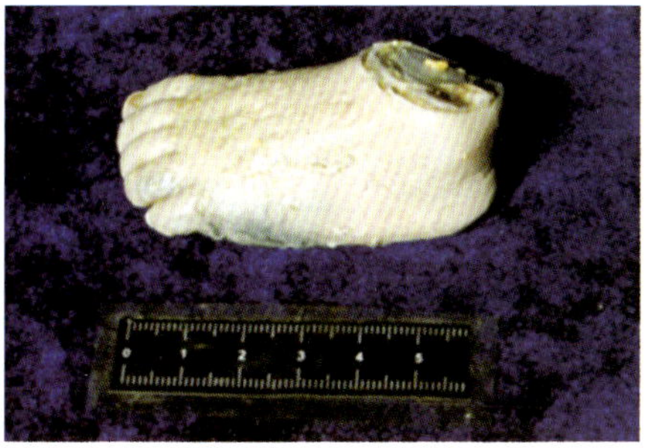

损307　足湿性坏疽

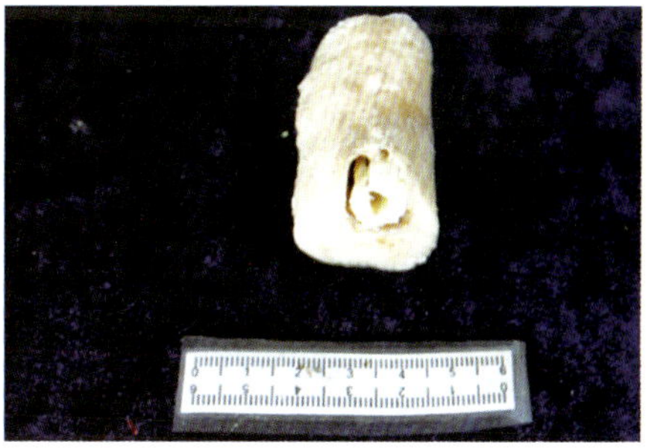

损401　骨之再生

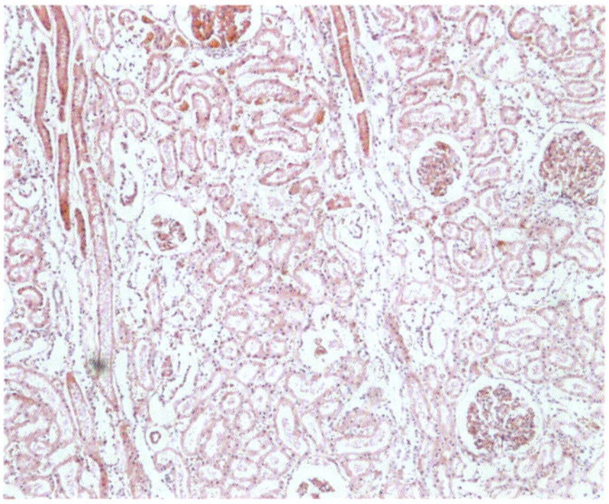

损1#A　肾颗粒变性　HE×4

近曲小管上皮染成深粉红色，肾间质小血管淤血

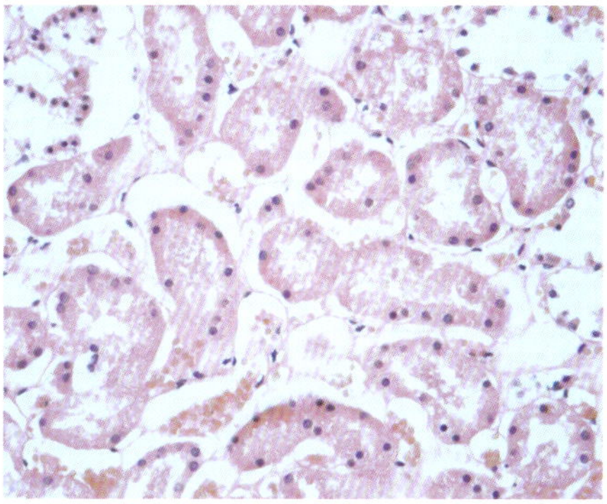

损1#B　肾颗粒变性　HE×40

上皮细胞的胞浆内充满小而均匀的红染颗粒

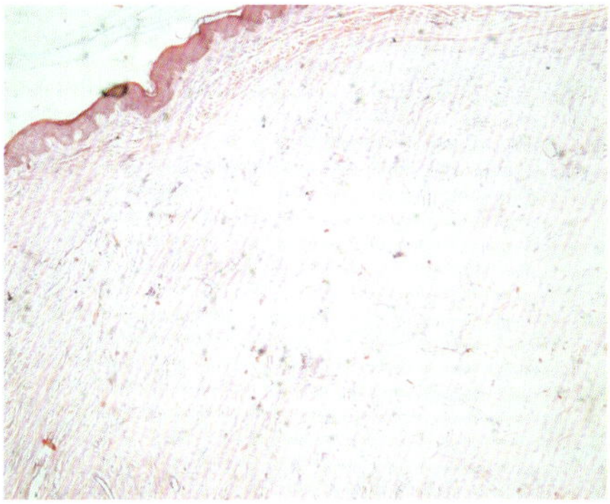

损2#A　结缔组织透明变性　HE×4

表面被覆表皮，真皮层极度增厚

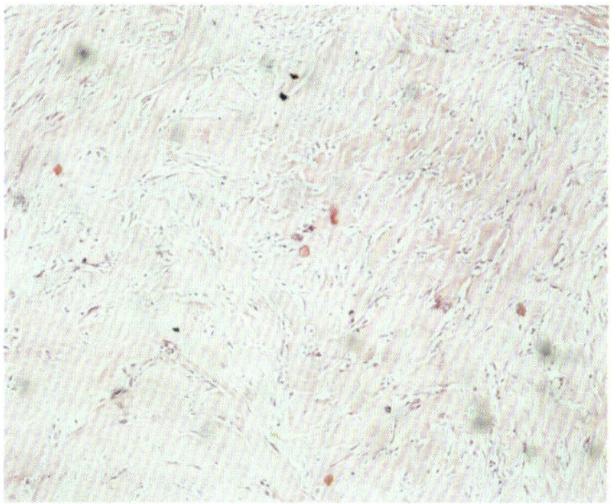

损2#B　结缔组织透明变性　HE×20

胶原纤维增粗，互相融合

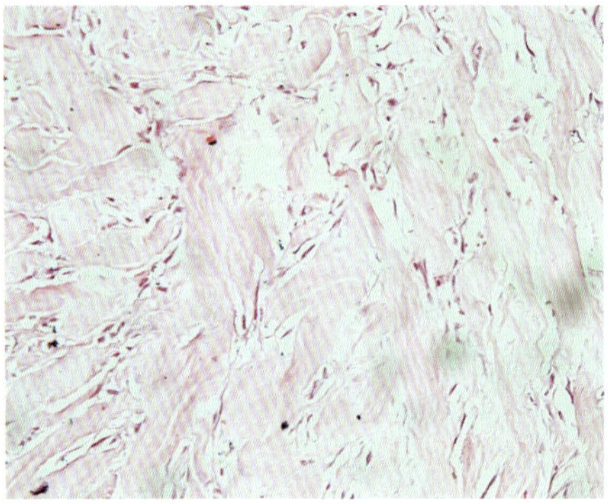

损 2#C 结缔组织透明变性 HE×40

胶原纤维增粗,互相融合

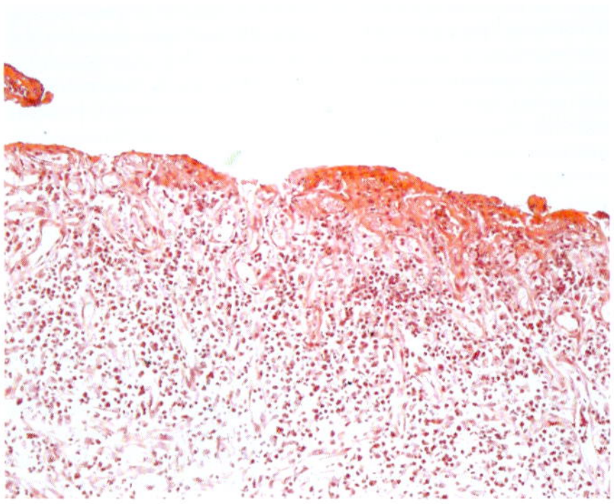

损 3#A 肉芽组织 HE×20

表面为坏死组织及少量纤维素

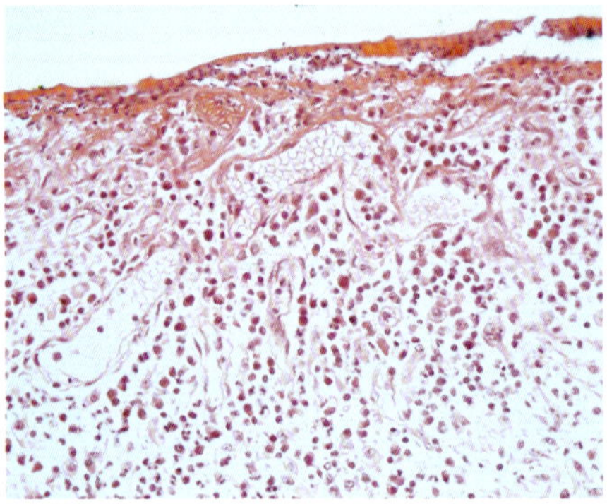

损 3#B 肉芽组织 HE×40

新生的毛细血管,其间为成纤维细胞及各种炎性细胞

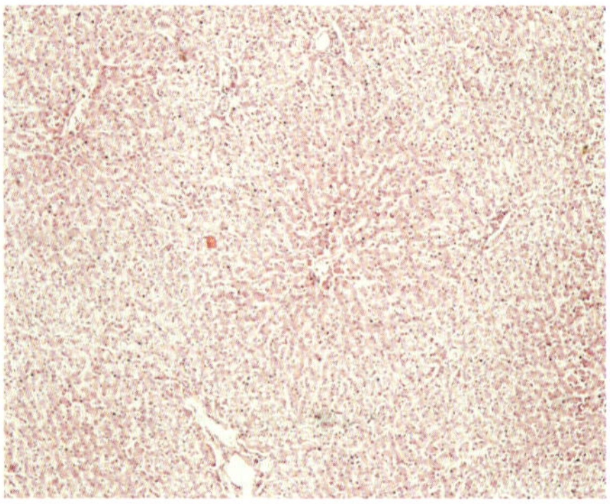

损 4#A 肝脂肪变性 HE×10

肝小叶结构完整,肝细胞内见大小不等的脂肪滴空泡

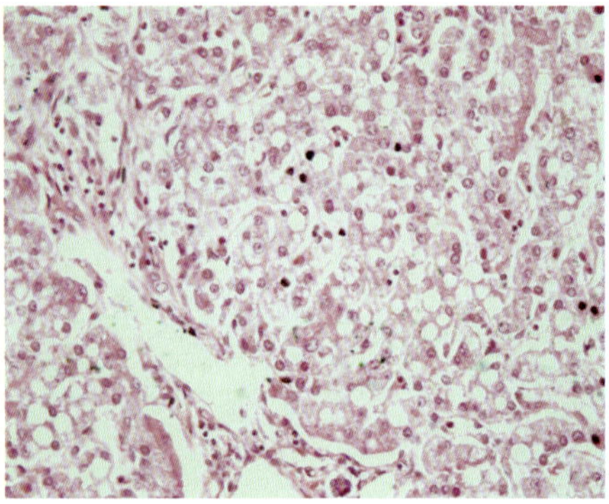

损 4#B 肝脂肪变性 HE×40

肝细胞内见大小不等的脂肪滴空泡

第二章
局部血液循环障碍

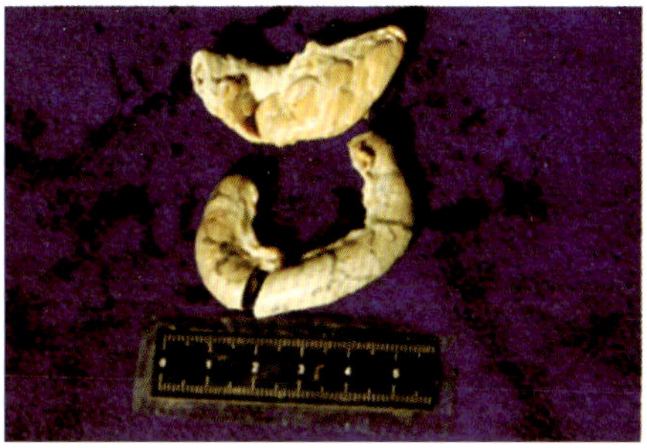

循101　阑尾浆膜充血
（急性化脓性阑尾炎）

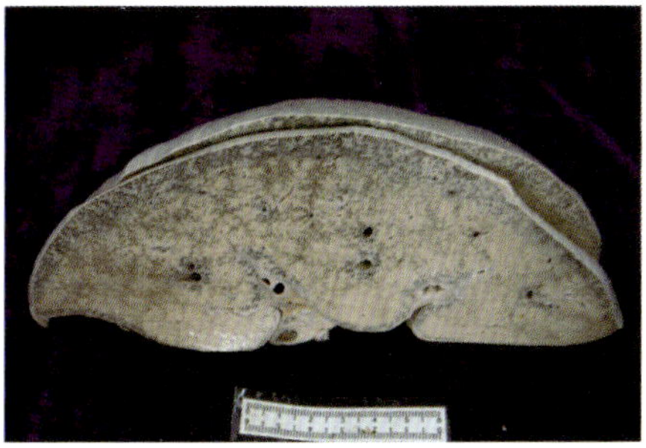

循103　慢性肝淤血

循108　肠套叠

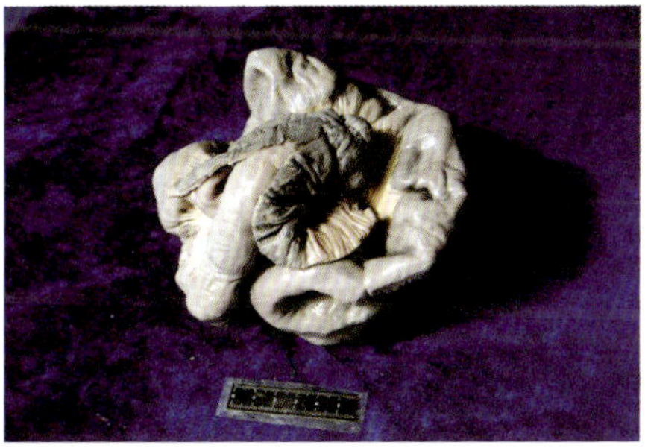

循109　肠套叠

循201　动静脉血栓

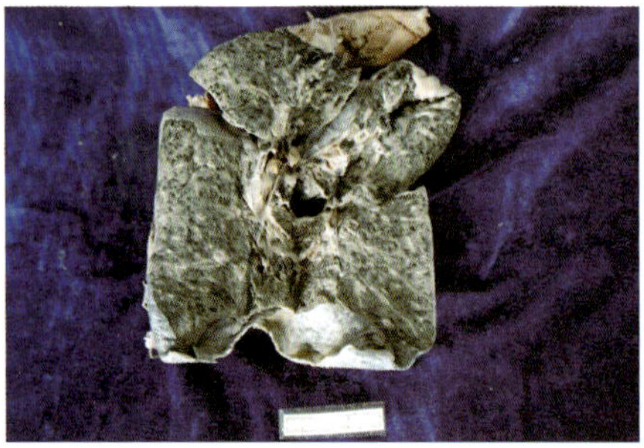

循301　急性肺栓塞

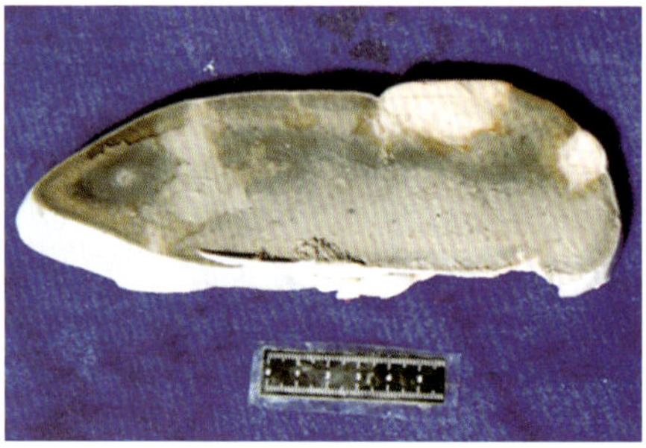

循304　脾贫血性梗死

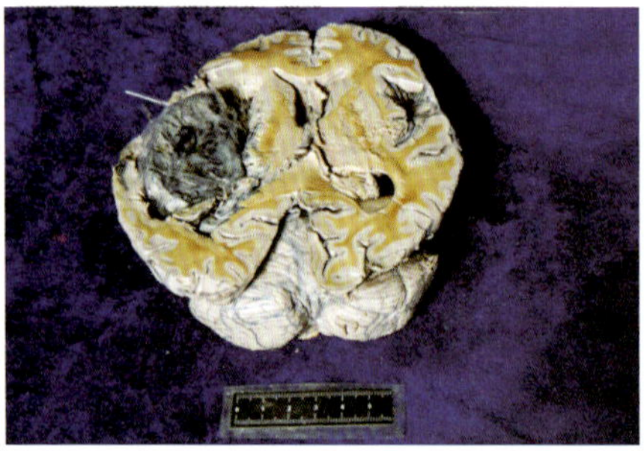

循401　高血压脑出血

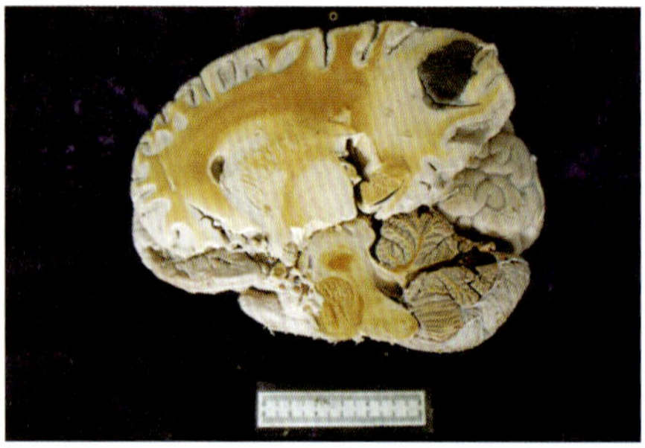

循402　破裂性出血(脑转移瘤)

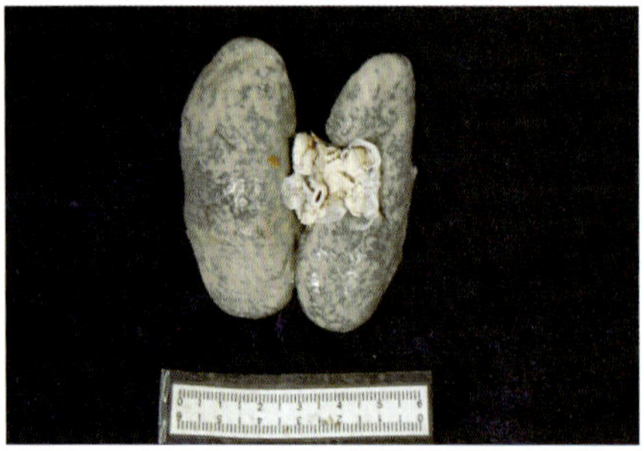

循403　肾斑点状出血

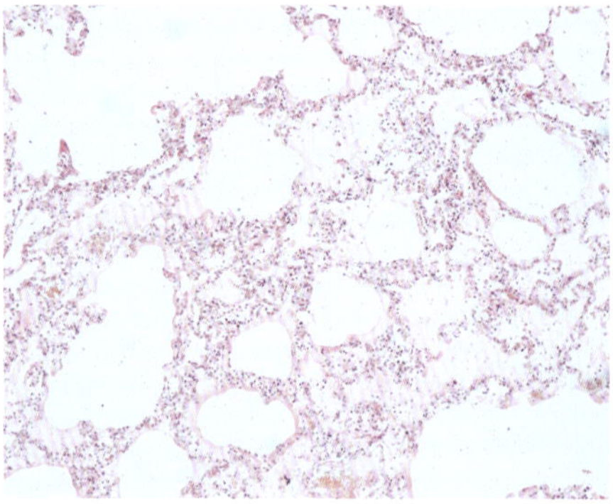

循1#A　慢性肺淤血　HE×10

肺泡壁增宽,毛细血管及小静脉扩张淤血

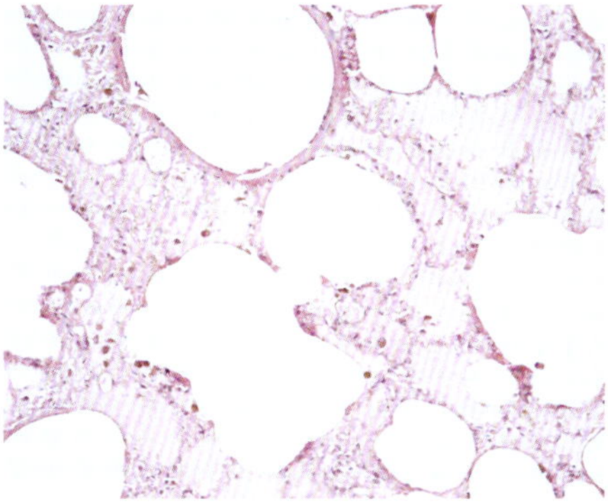

循1#B　慢性肺淤血　HE×20
肺泡腔内见水肿液、心衰细胞

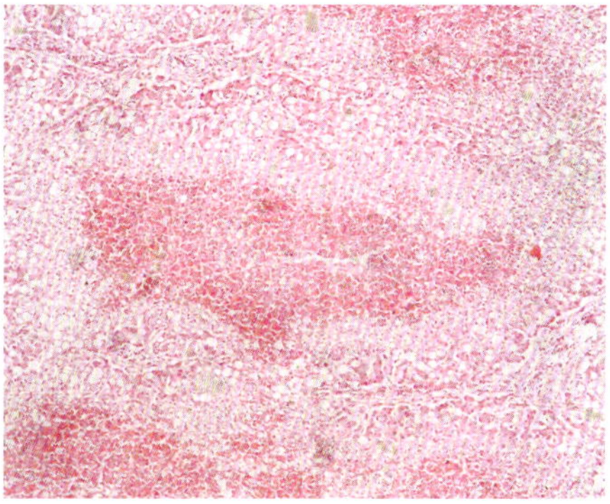

循2A#　慢性肝淤血　HE×10
肝小叶中央区淤血，周围脂肪变性

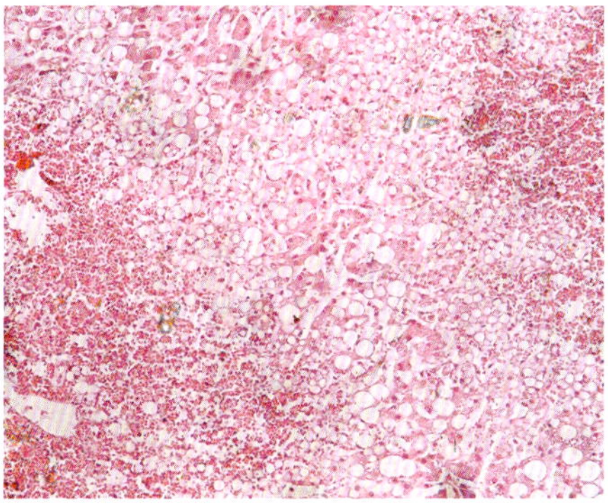

循2A#　慢性肝淤血　HE×20
肝细胞内见大小不等脂滴空泡

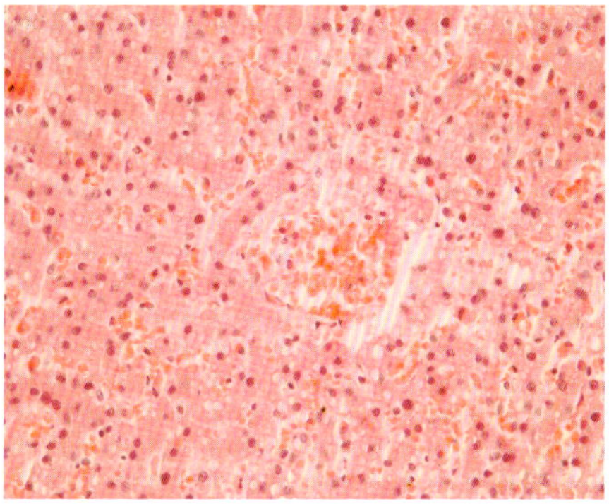

循2B#　肝淤血　HE×40
中央静脉及周围肝窦扩张淤血

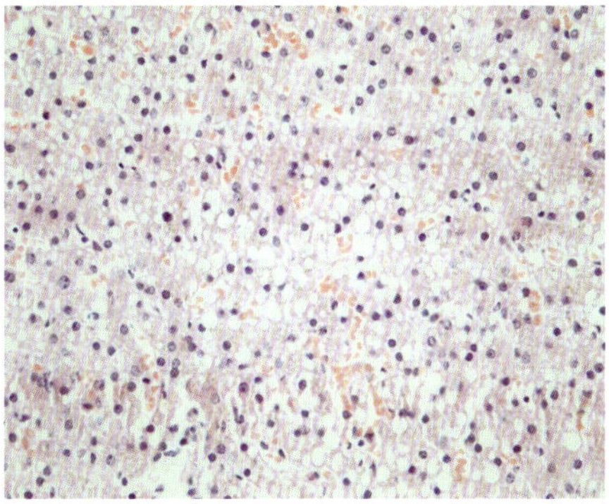

循2B#　肝淤血　HE×40
肝细胞内见大小不等脂肪滴空泡

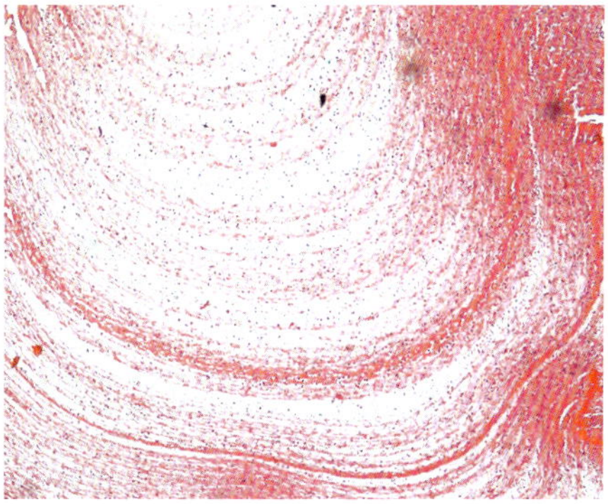

循3#A　静脉内新鲜血栓　HE×10
层状排列的血小板小梁

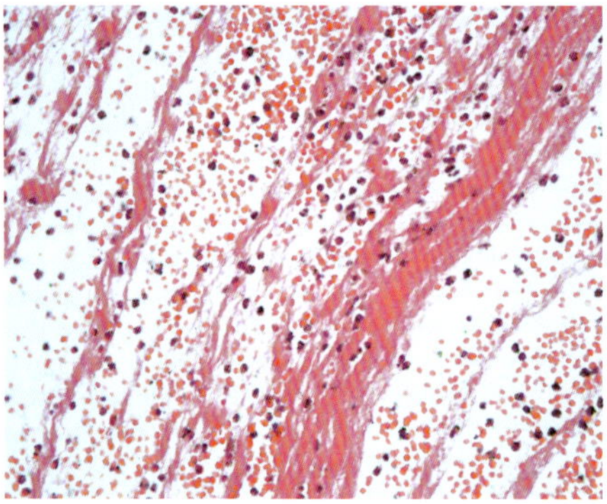

循3#B　静脉内新鲜血栓　HE×40

可见构成血栓的各种成分

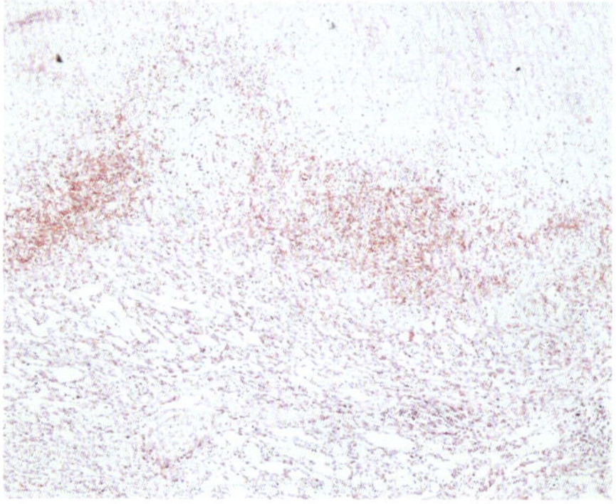

循4#A　脾贫血性梗死　HE×10

可见充血出血带

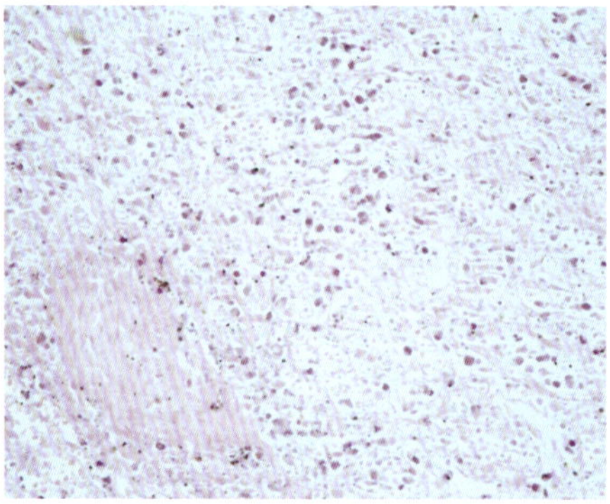

循4#B　脾贫血性梗死　HE×40

梗死区脾组织凝固性坏死

第三章 炎　症

炎101　急性重型病毒性肝炎

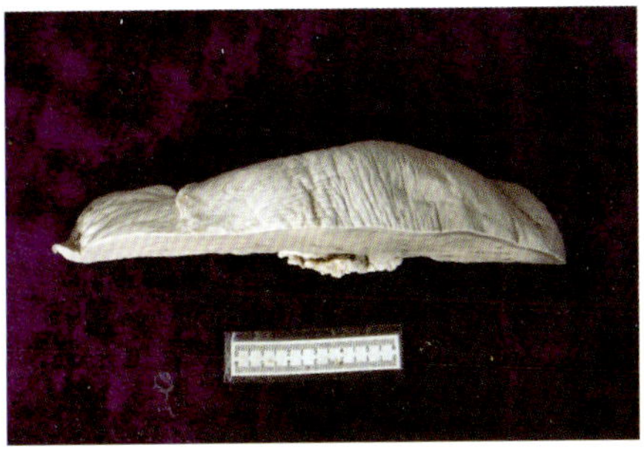

炎 101　急性重型病毒性肝炎

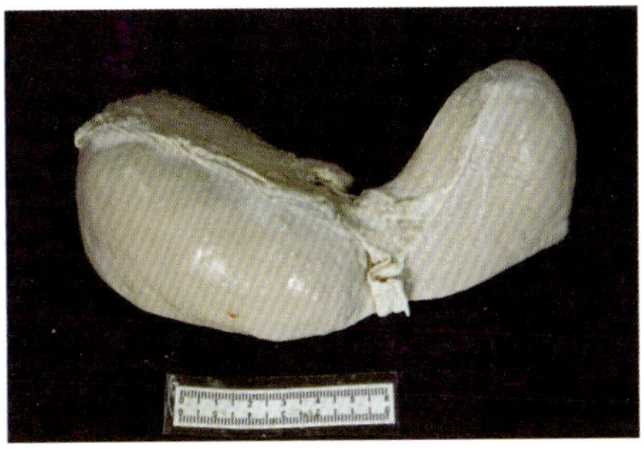

炎 103　亚急性重型病毒性肝炎

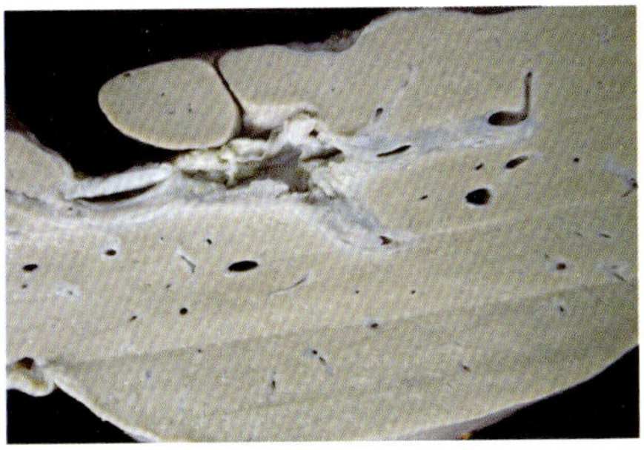

炎 103　亚急性重型病毒性肝炎

炎 201　大叶性肺炎

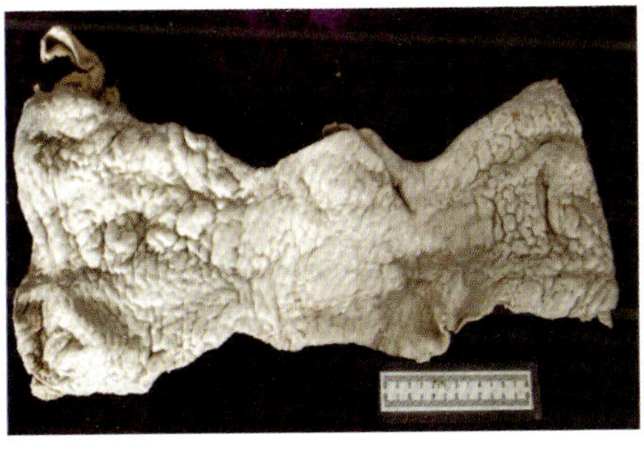

炎 203　假膜性肠炎

炎 206　假膜性肠炎（细菌性痢疾）

炎206　假膜性肠炎(细菌性痢疾)

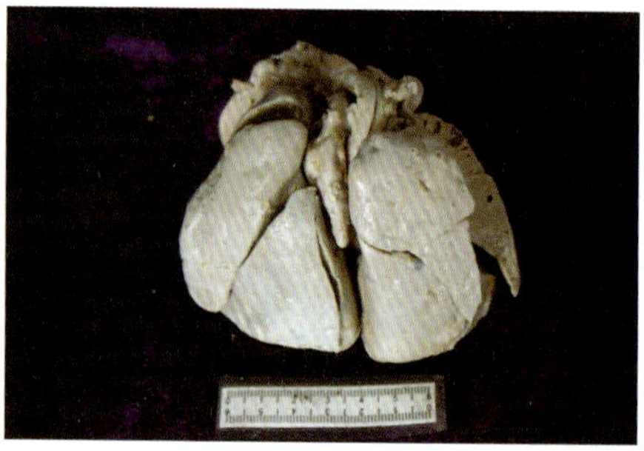

炎216　多发性肺脓肿

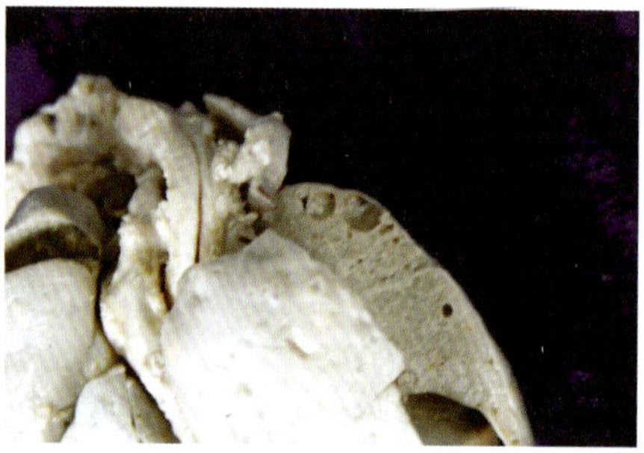

炎216　多发性肺脓肿

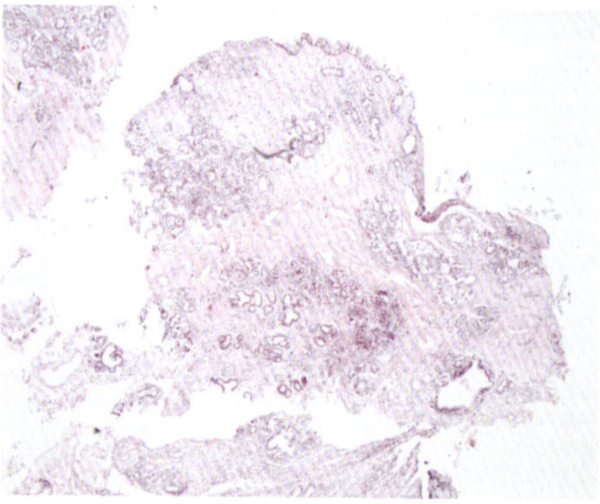

炎1#A　鼻息肉　HE×4

息肉表面被覆假复层纤毛柱状上皮

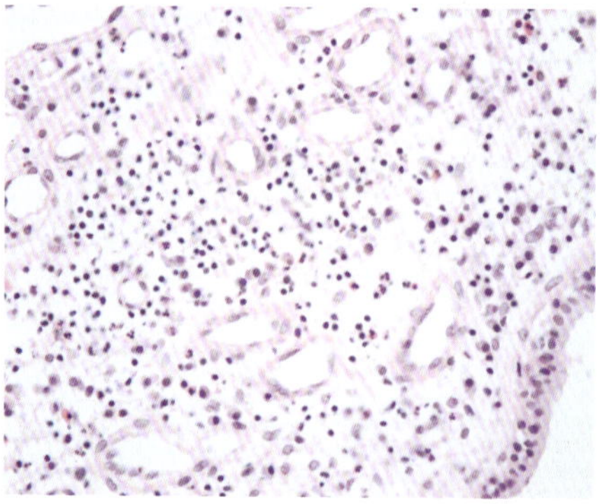

炎1#B 鼻息肉　HE ×40

水肿的间质中见大量淋巴细胞、浆细胞、中性粒细胞及少量的嗜酸性粒细胞、巨噬细胞浸润

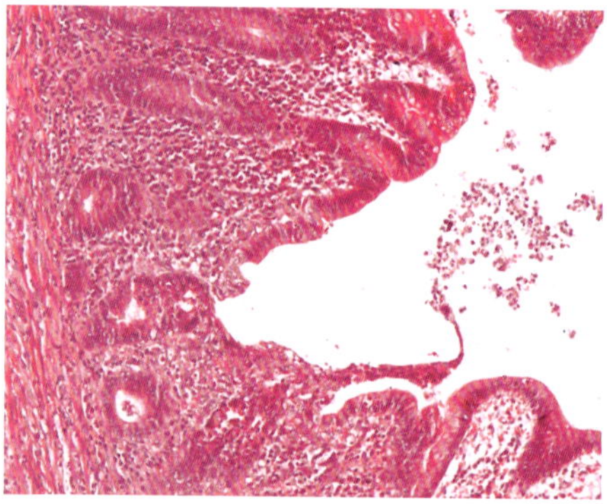

炎2#A　急性蜂窝织炎性阑尾炎　HE×10

见黏膜上皮脱落缺损，阑尾腔内有少量脓性渗出物

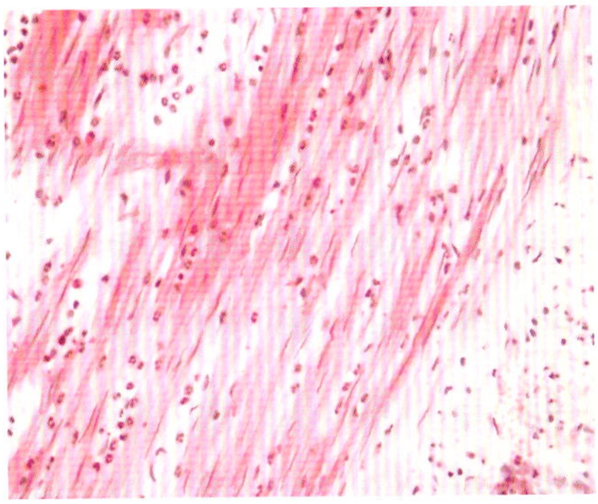

炎2#B 急性蜂窝织炎性阑尾炎 HE×40

肌层中性粒细胞为主的炎细胞弥漫浸润

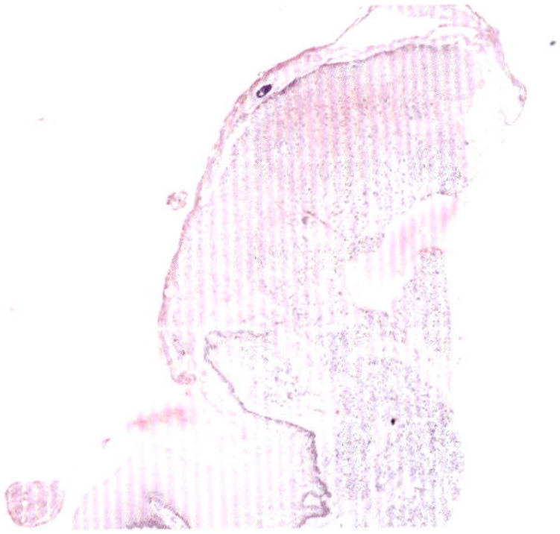

炎3#A 假膜性炎 HE×4

部分区被覆的鳞状上皮坏死脱落，该处有一层红染的假膜

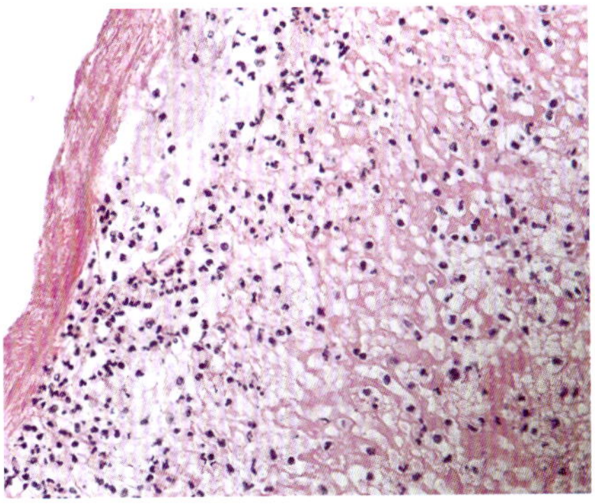

炎3#B 假膜性炎 HE×40

假膜由纤维素、坏死组织碎屑、中性粒细胞及细菌团构成

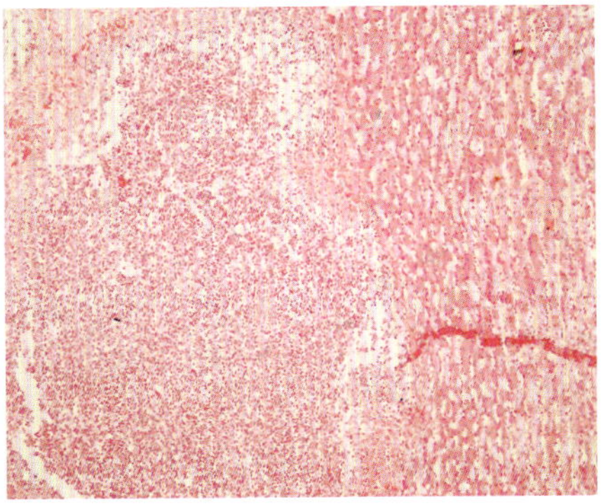

炎4#A 肝脓肿 HE×10

可见脓肿壁及脓腔

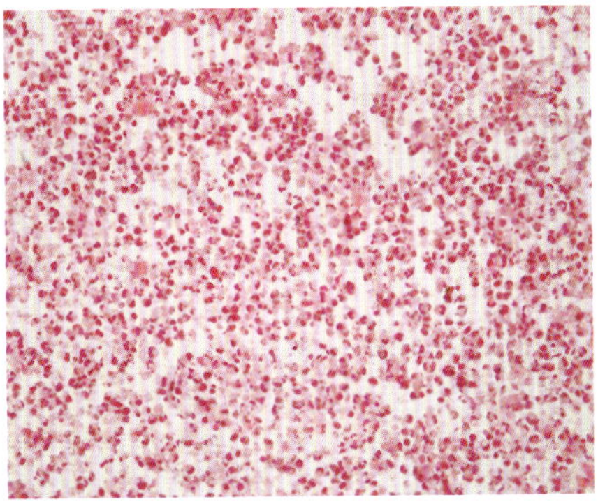

炎4#B 肝脓肿 HE×40

脓液中有大量脓细胞及坏死组织

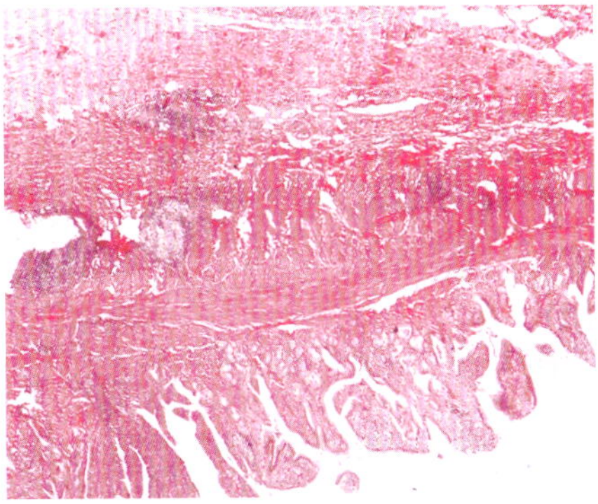

炎5#A 慢性胆囊炎 HE×10

黏膜皱襞增粗，肌层和外膜增厚

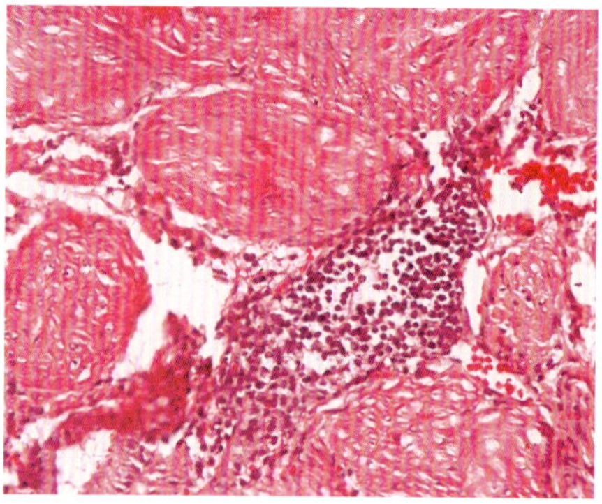

炎 5#B　慢性胆囊炎　HE ×20

肌层增厚,罗阿氏窦形成,炎性细胞浸润

第四章 肿　瘤

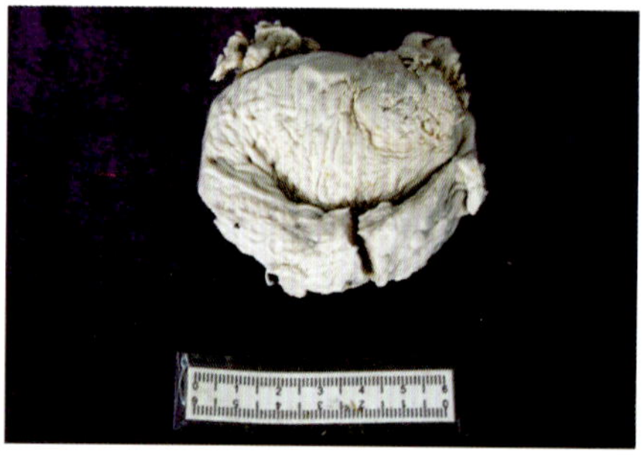

瘤 101　膀胱乳头状瘤

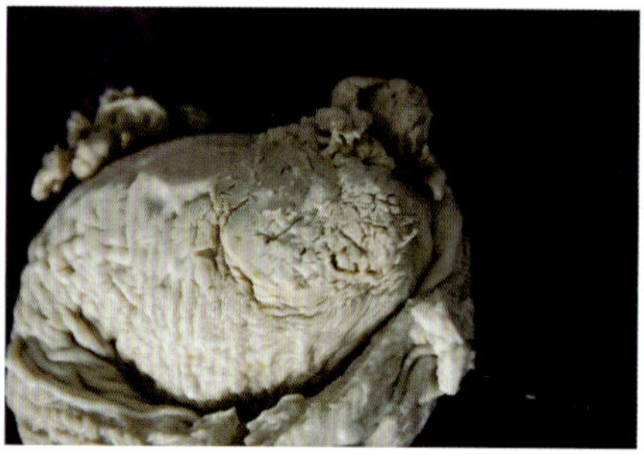

瘤 101　膀胱乳头状瘤

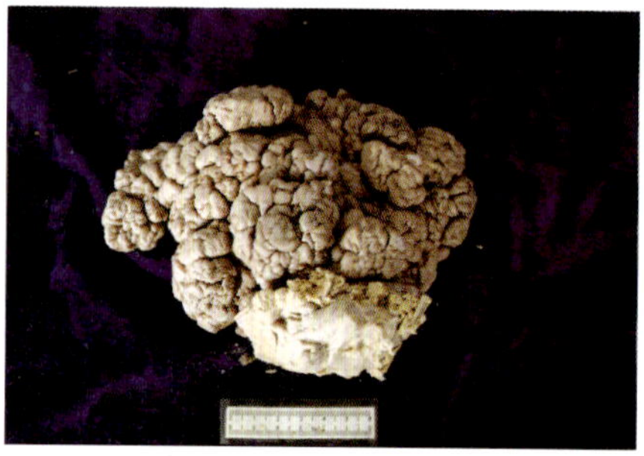

瘤 102　皮肤乳头状瘤

瘤 102 皮肤乳头状瘤

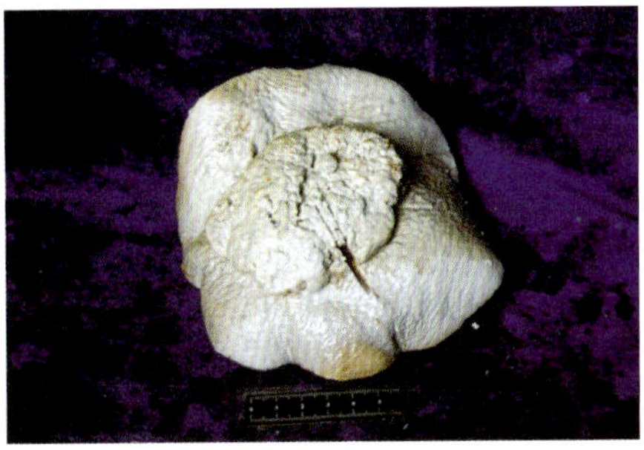

瘤 104 皮肤鳞状细胞癌

瘤 105 皮肤鳞状细胞癌

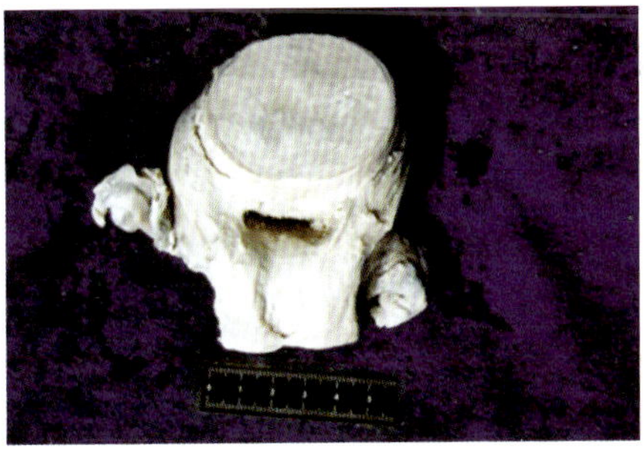

瘤 110 子宫平滑肌瘤

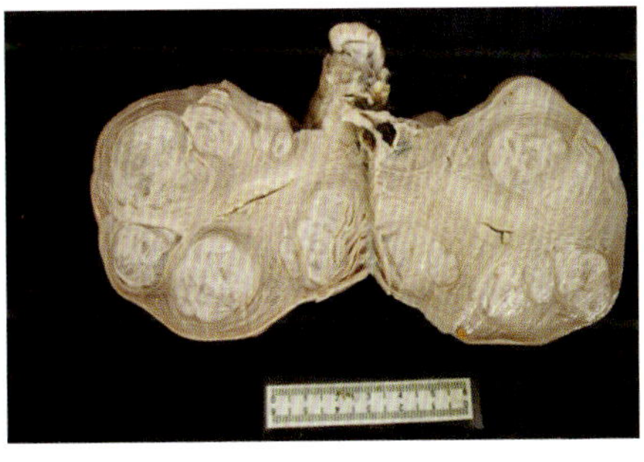

瘤 112 子宫平滑肌瘤(多发性)

瘤 113 乳腺癌

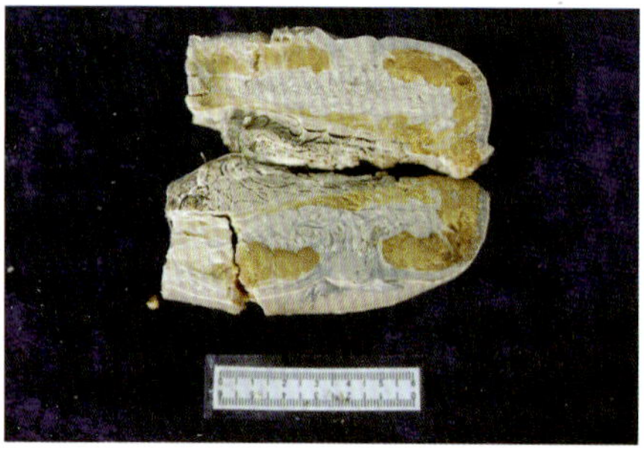

瘤 113 乳腺癌

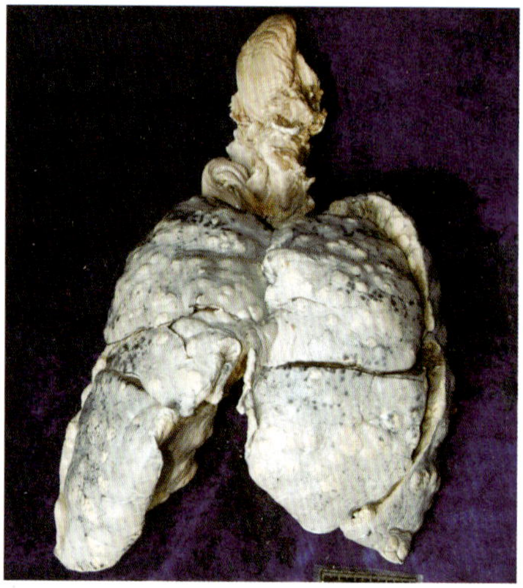

瘤 204 肺转移癌

瘤 207 肾恶性肿瘤的肝、肺转移

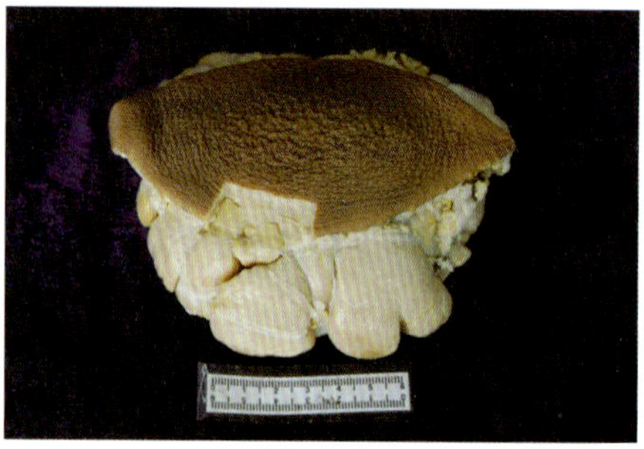

瘤 304 皮下脂肪瘤

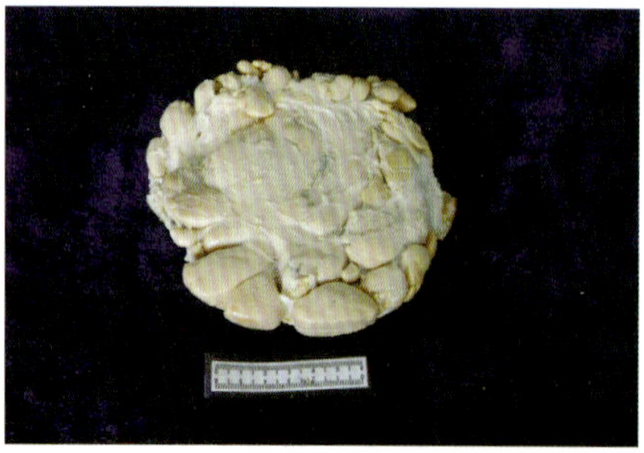

瘤 304 皮下脂肪瘤

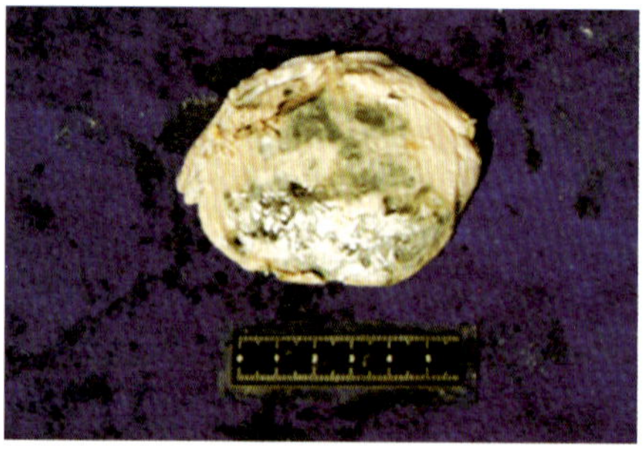

瘤 307 海绵状血管瘤

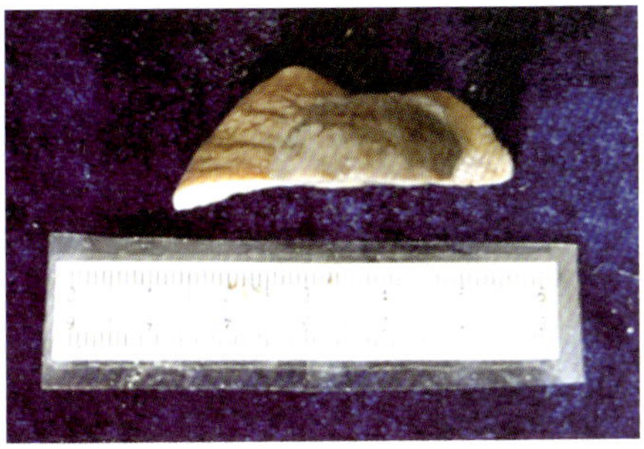

瘤 308 （额部）皮肤海绵状血管瘤

瘤 309 脾淋巴管瘤

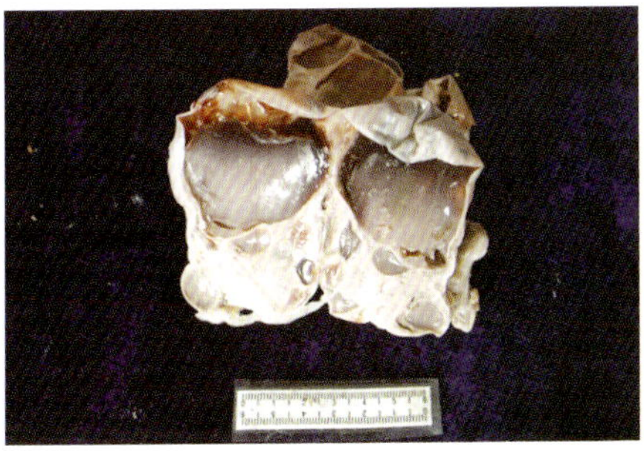

瘤 402 甲状腺腺瘤

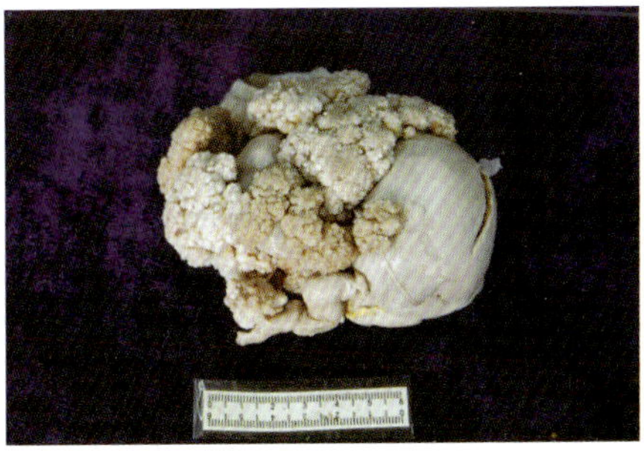

瘤 403 卵巢浆液性乳头状囊腺瘤

瘤 405 卵巢黏液性囊腺瘤

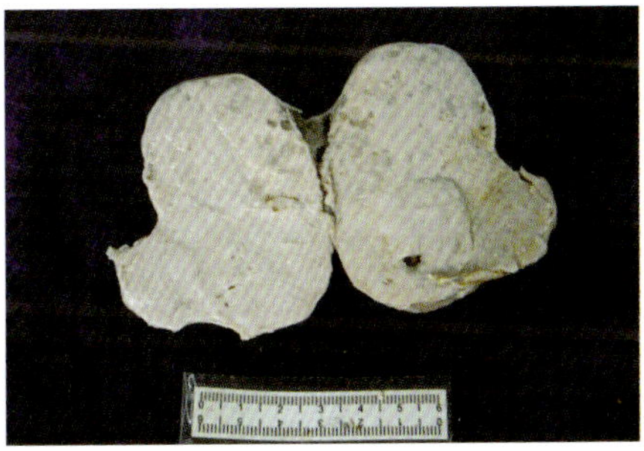

瘤 407 腮腺多形性腺瘤

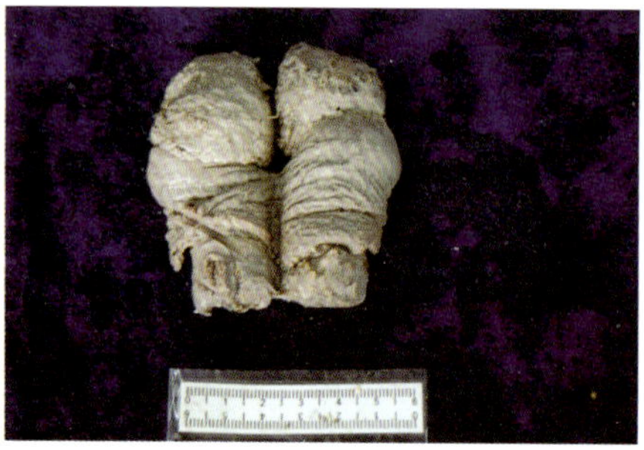

瘤501 阴茎癌

瘤501 阴茎癌

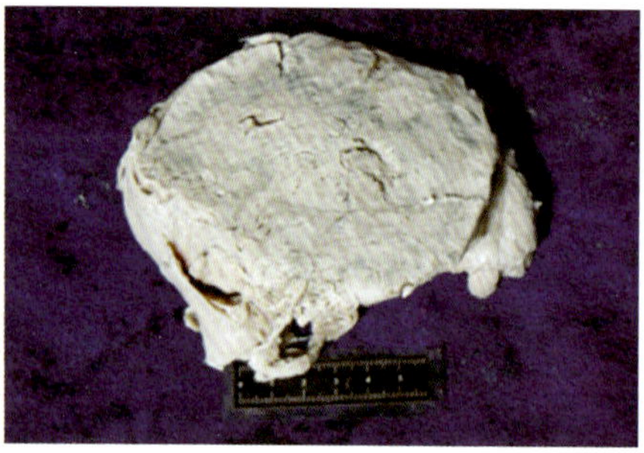

瘤601 纤维肉瘤

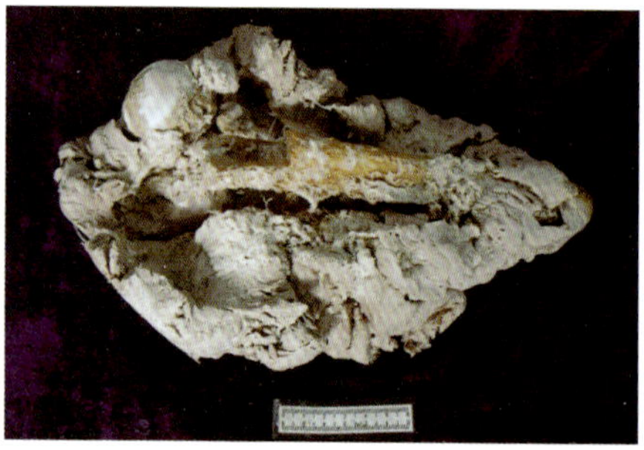

瘤604 骨肉瘤

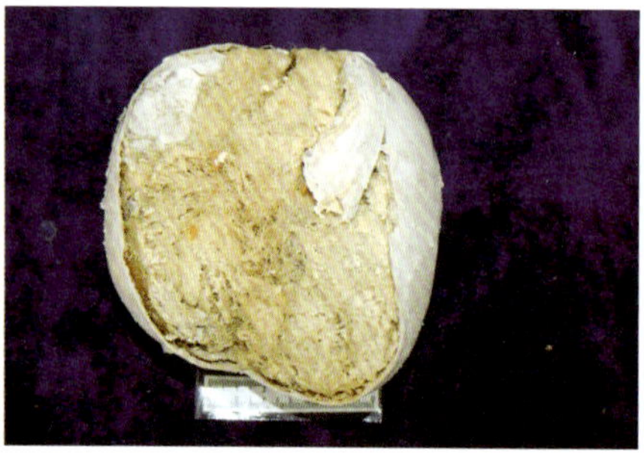

瘤701 卵巢成熟性(囊性)畸胎瘤

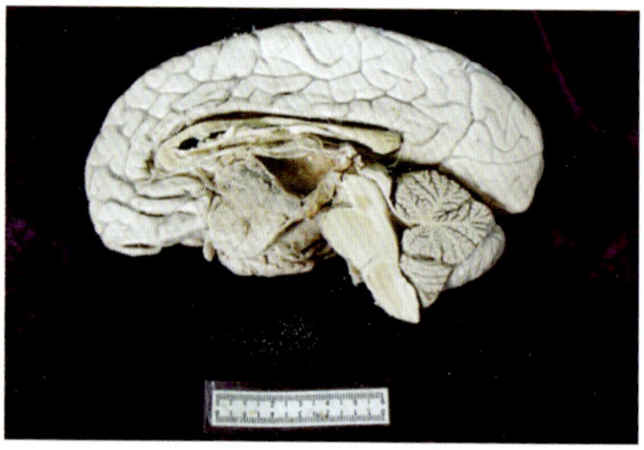

瘤706 神经胶质瘤

瘤 707　神经胶质瘤

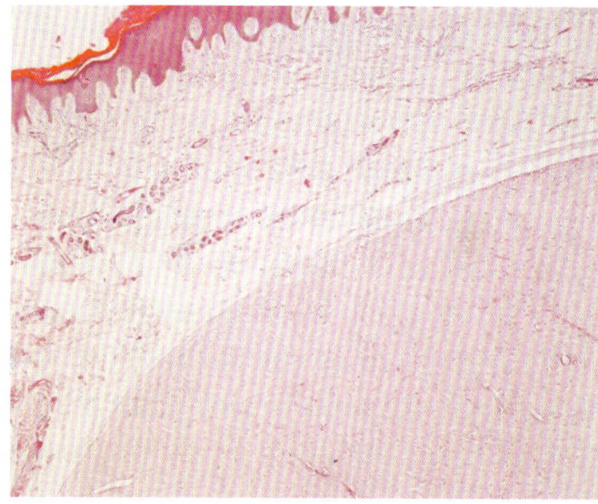

瘤 1#A　纤维瘤　HE×4

皮下境界清楚的瘤结节，见完整包膜

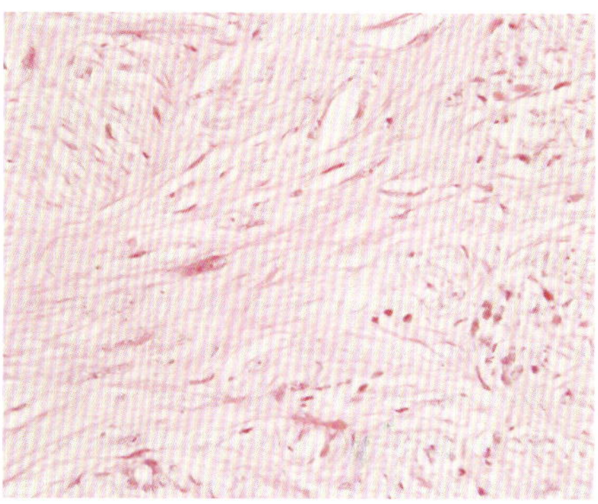

瘤 1#B　纤维瘤　HE×40

瘤细胞呈编织状排列，细胞异型不明显

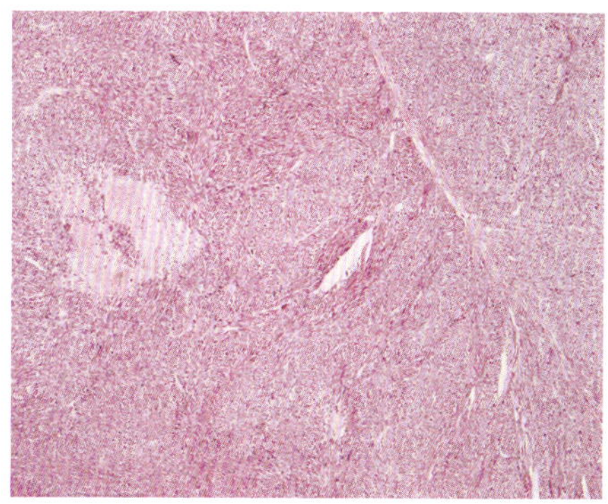

瘤 2#A　纤维肉瘤　HE×4

瘤细胞多呈束状、编织状排列，可见凝固性坏死

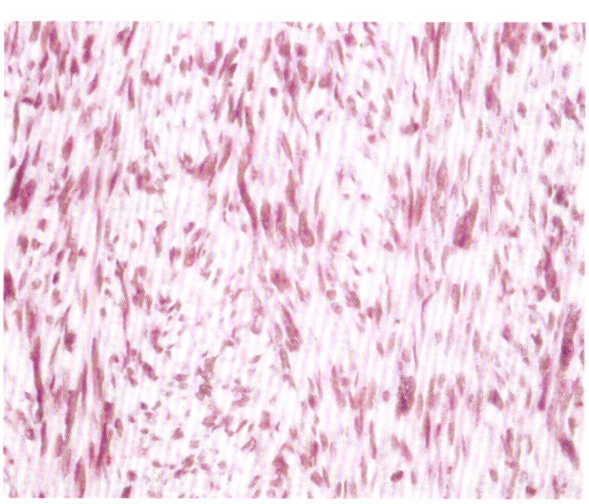

瘤 2#B　纤维肉瘤　HE×40

瘤细胞多呈束状、编织状排列，细胞异型明显

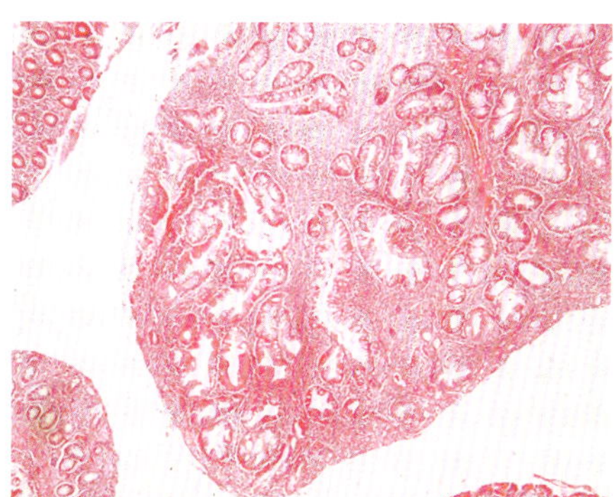

瘤 3 #A　直肠腺瘤　HE×4

腺体密集增生呈背靠背样

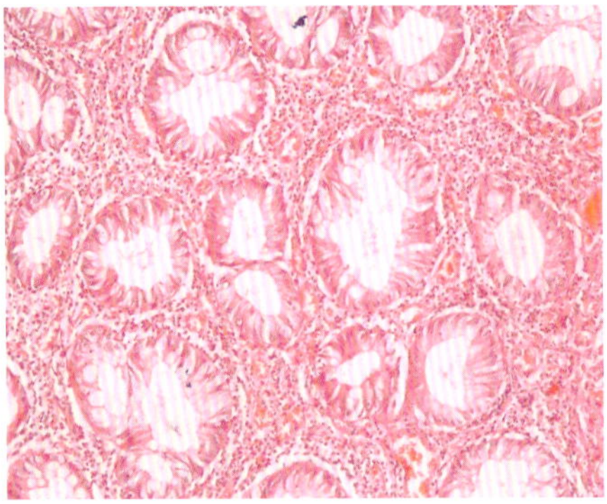

瘤 3 #B　直肠腺瘤　HE×20

腺体较规则,瘤细胞异型不明显

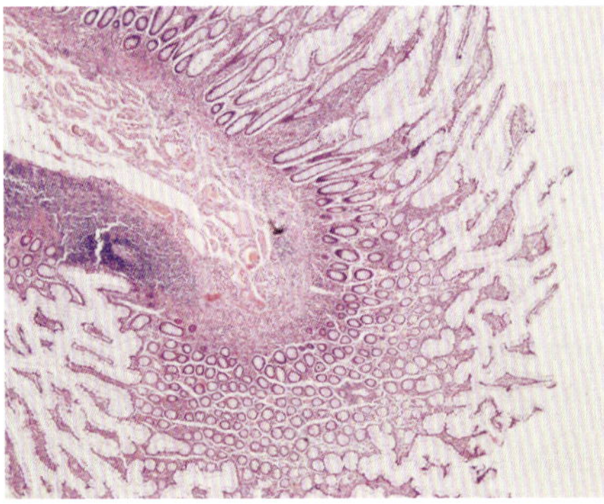

瘤 4#A　结肠腺癌　HE×4

癌组织旁结肠黏膜腺体

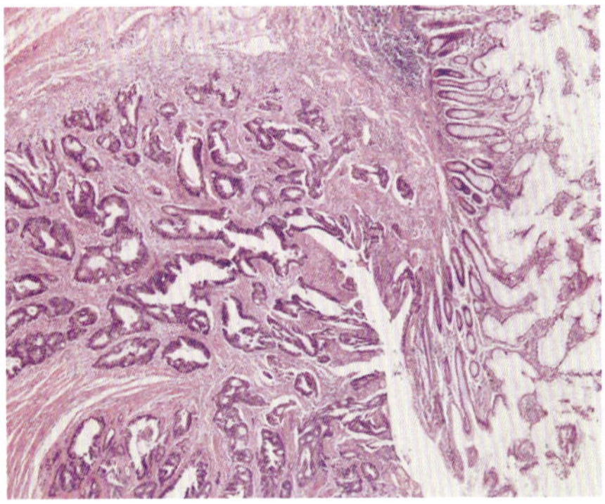

瘤 4#B　结肠腺癌　HE×4

癌组织多呈形状不规则腺管状,呈浸润性生长

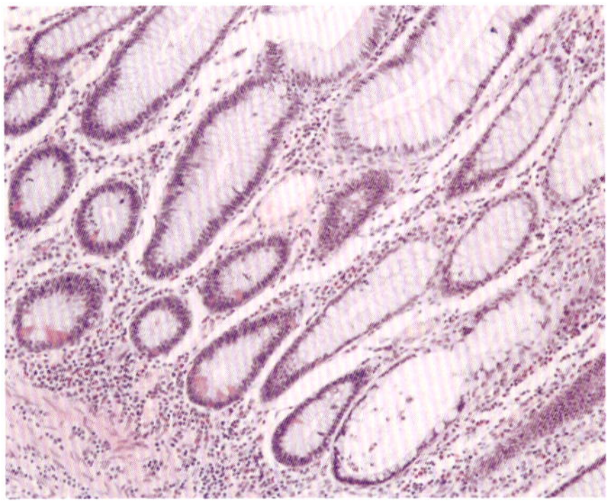

瘤 4#C　结肠腺癌　HE×20

癌组织旁结肠黏膜腺体

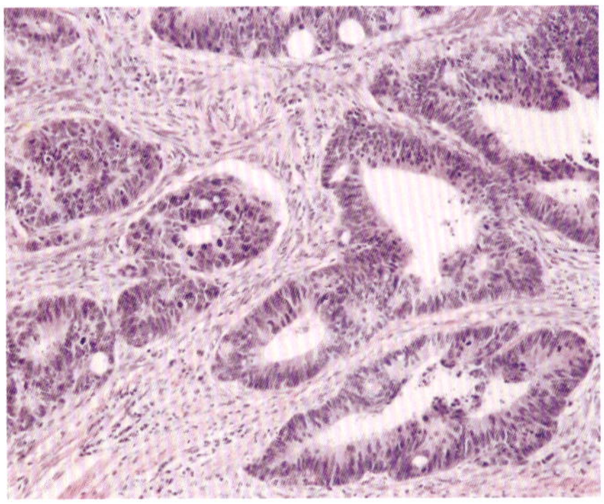

瘤 4#D　结肠腺癌　HE×20

癌细胞复层排列,极向紊乱

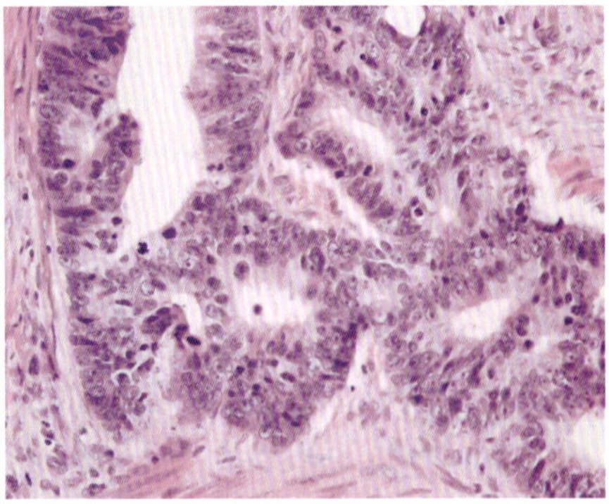

瘤 4#E　结肠腺癌　HE×40

癌细胞异型明显,可见病理性核分裂像

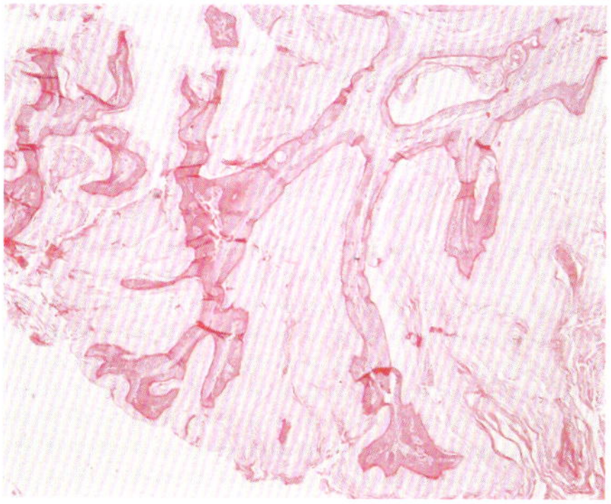

瘤 5 #A　乳头状瘤　HE×4
鳞状上皮增生呈分支乳头状，表层过度角化

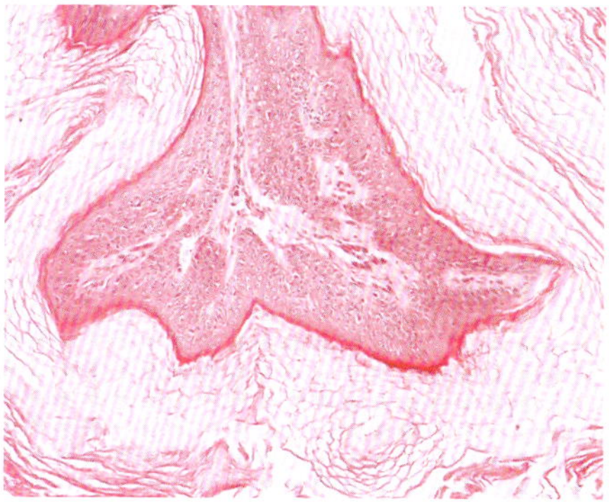

瘤 5#B　乳头状瘤　HE×20
鳞状上皮层次增多，细胞异型不明显

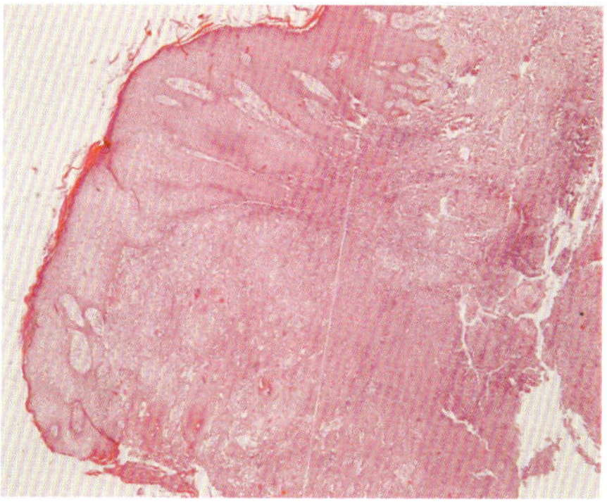

瘤 6#A　皮肤鳞癌　HE×4
真皮中见呈巢状浸润生长的癌组织

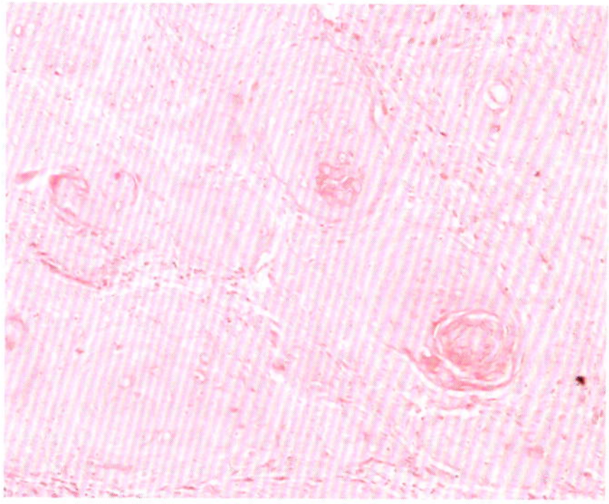

瘤 6#B　皮肤鳞癌　HE×20
癌细胞呈巢状浸润生长，癌巢中央可见角化珠

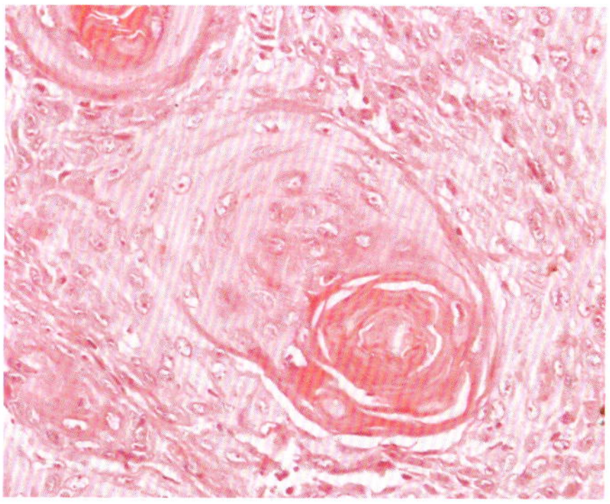

瘤 6#C　皮肤鳞癌　HE×40
癌细胞胞浆丰富红染，细胞核染色质粗

第五章
心血管系统疾病

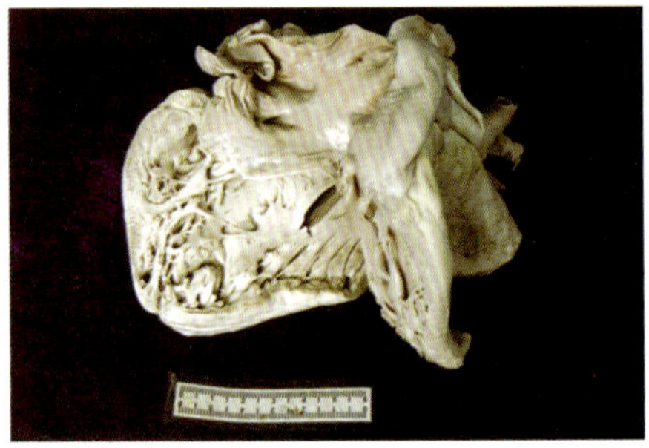

心 102 风湿性心内膜炎

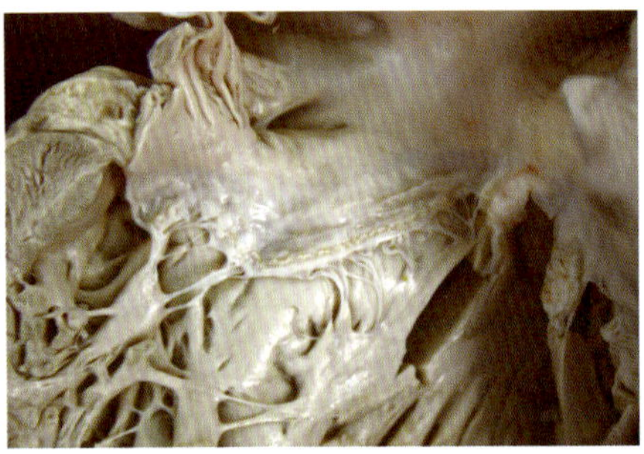

心 102 风湿性心内膜炎

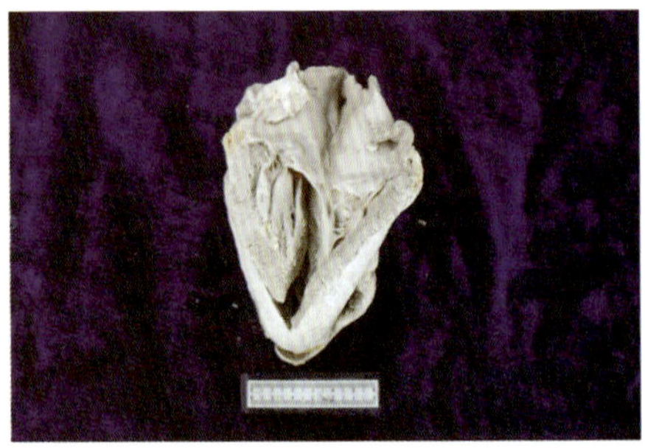

心 105 风湿性心内膜炎

心 105 风湿性心内膜炎

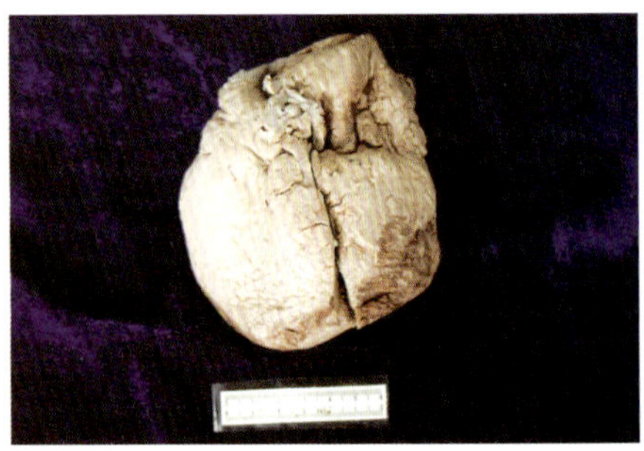

心 106 纤维素性心包炎

心 202　亚急性细菌性心内膜炎

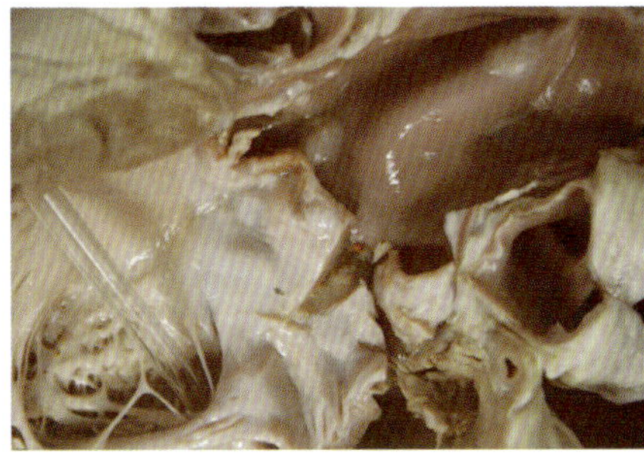

心 202　亚急性细菌性心内膜炎

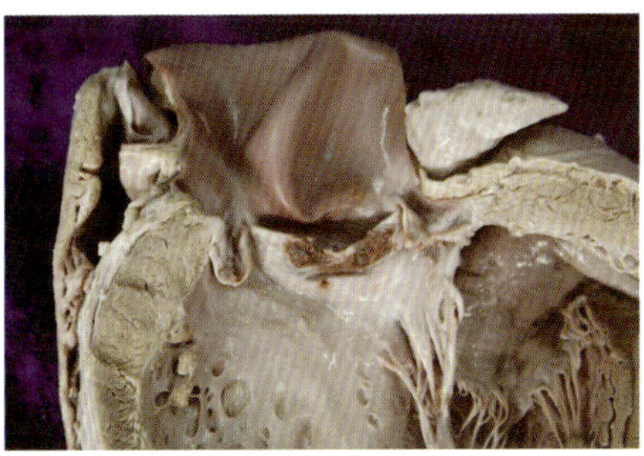

心 203　亚急性细菌性心内膜炎

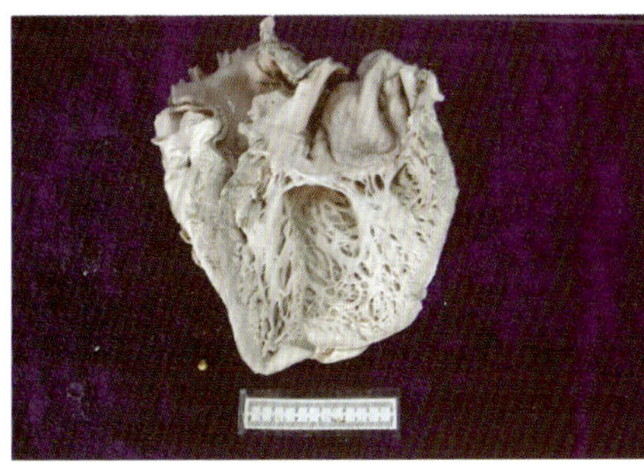

心 301　三尖瓣狭窄

心 301　三尖瓣狭窄

心 302　二尖瓣狭窄

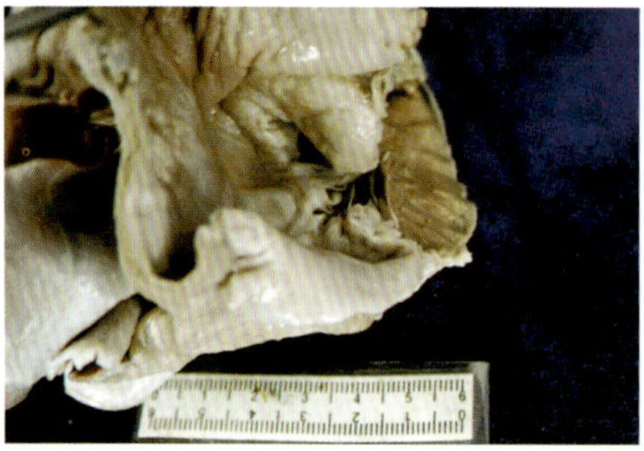

心302　二尖瓣狭窄

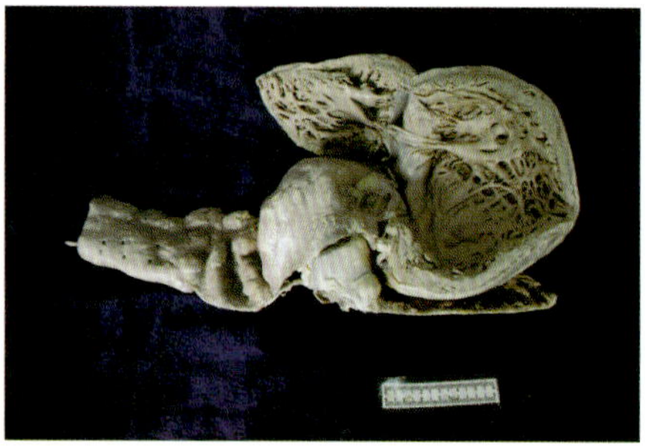

心305　梅毒性主动脉炎并主动脉瓣闭锁不全

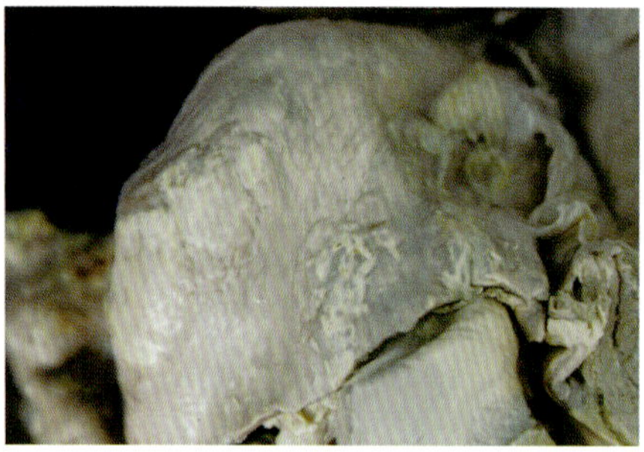

心305　梅毒性主动脉炎并主动脉瓣闭锁不全

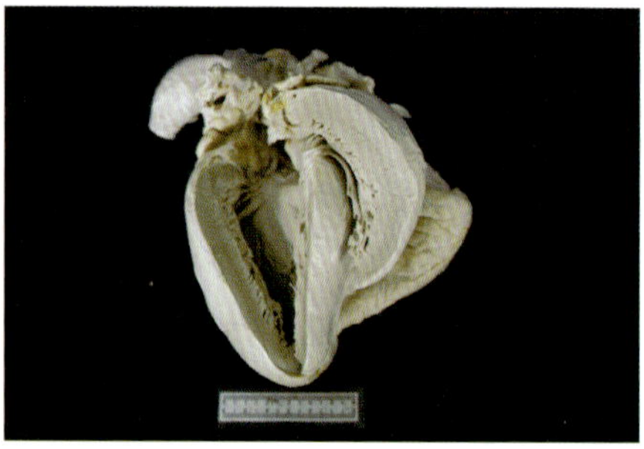

心401A　高血压性心脏病

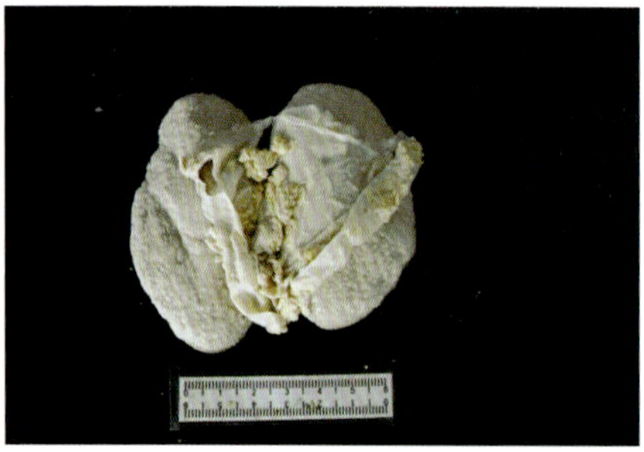

心403　高血压性肾脏病

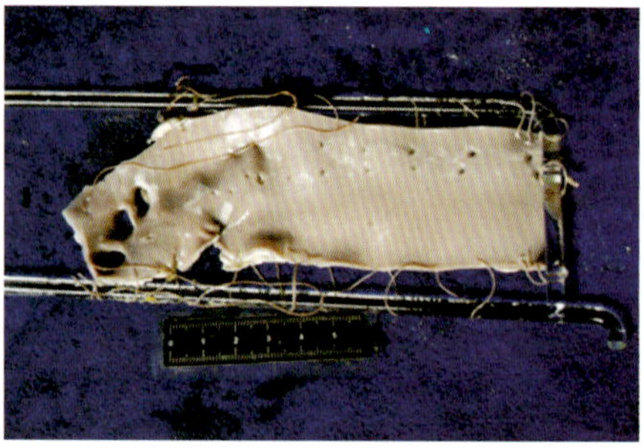

心501A　主动脉粥样硬化(脂纹期)

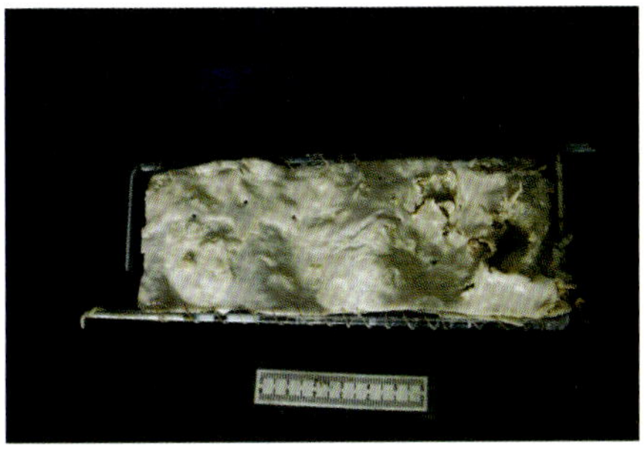

心502 主动脉粥样硬化(粥样斑块期)

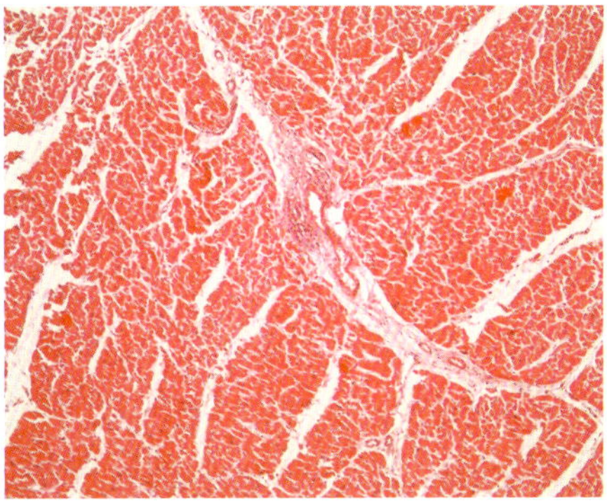

心1#A 风湿性心肌炎 HE×10
心肌间质水肿,疏松,散在梭形的风湿小体

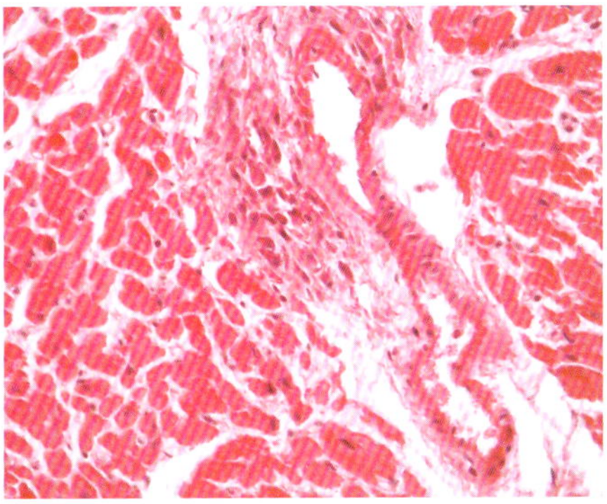

心1#B 风湿性心肌炎 HE×40
风湿小体处胶原纤维肿胀,纤维素样坏死,其外围有风湿细胞和少量淋巴细胞

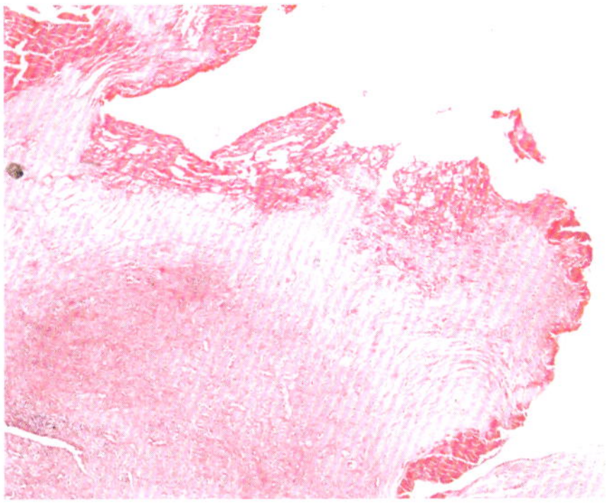

心2#A 亚急性细菌性心内膜炎 HE×10
瓣膜一侧附着血栓性赘生物

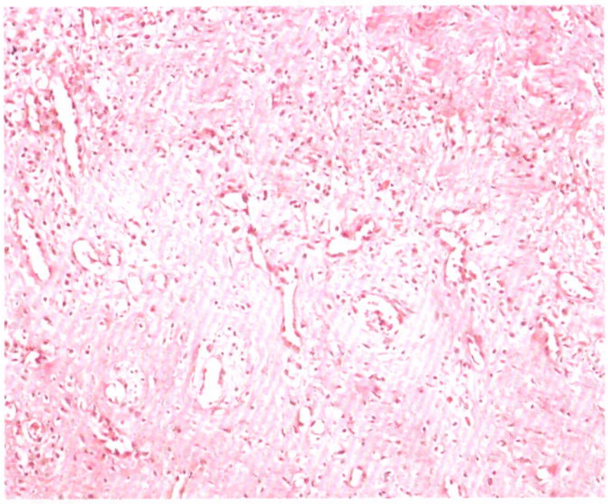

心2#B 亚急性细菌性心内膜炎 HE×20
赘生物的根部有肉芽组织增生

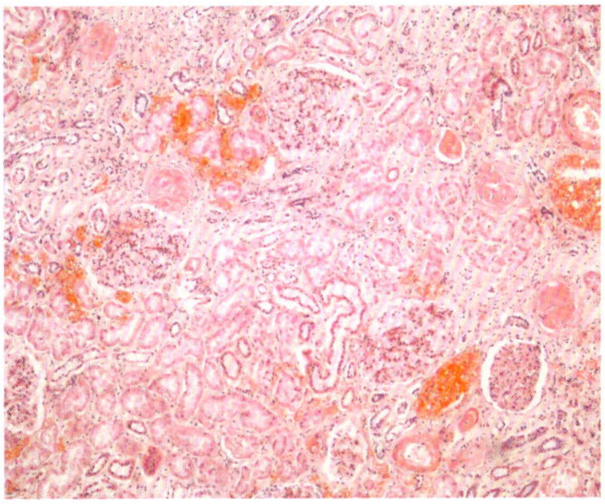

心3#A 细小动脉性肾硬化 HE×10
肾小球萎缩,纤维化和玻璃样变性

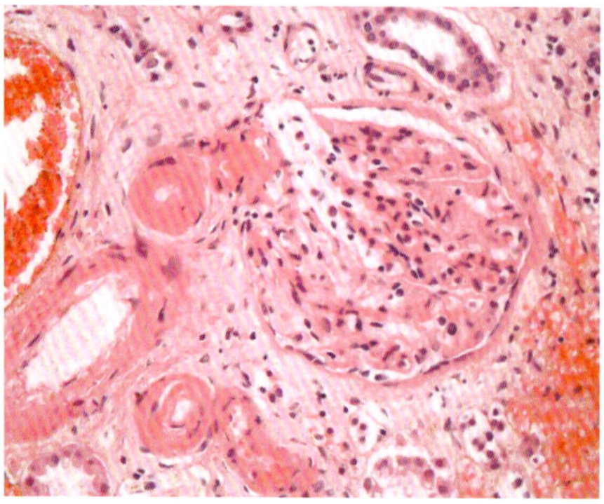

心3#B 细小动脉性肾硬化 HE×40

入球动脉、出球动脉和小叶间动脉管壁增厚

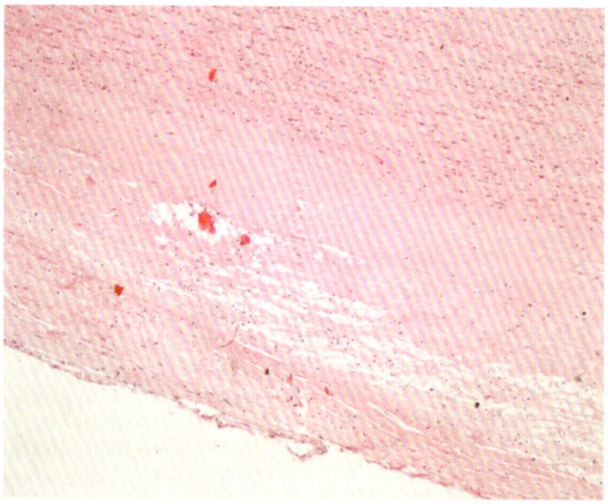

心4# 主动脉粥样硬化 HE×4

主动脉内膜增厚,浅色区为粥样物质

心4# 主动脉粥样硬化 HE×20

表层为透明变性的胶原结缔组织,粥样物中树叶状的空隙为析出的胆固醇结晶

第六章 呼吸系统疾病

呼101 支气管肺炎

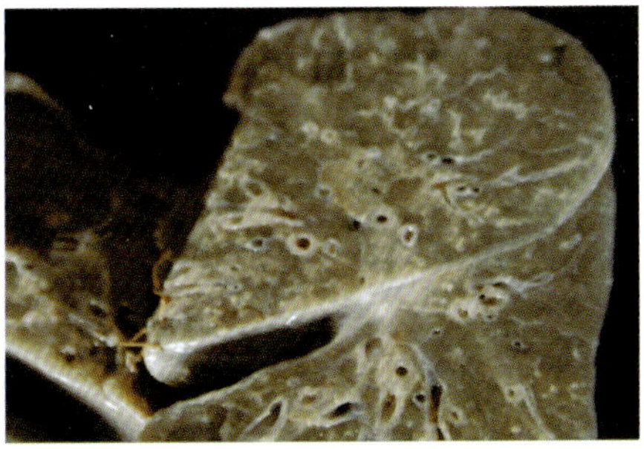

呼 101 支气管肺炎

呼 102 融合性支气管肺炎

呼 102 融合性支气管肺炎

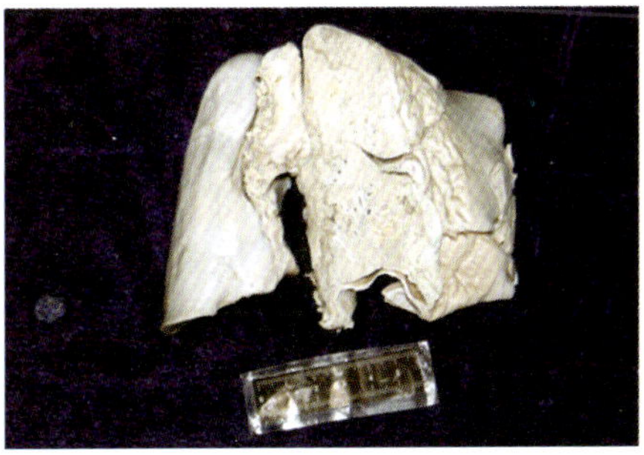

呼 104 融合性支气管肺炎并发肺脓肿

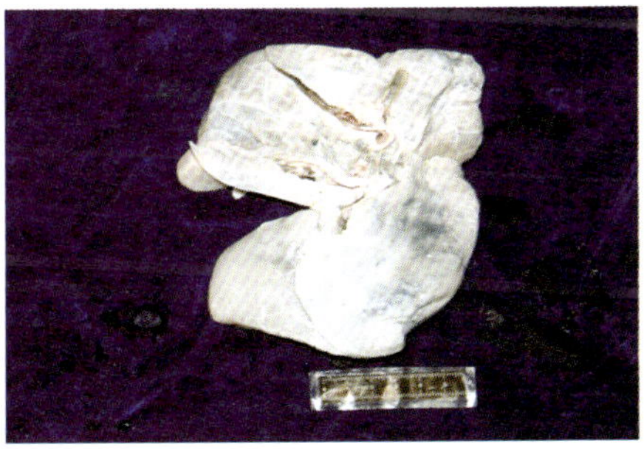

呼 201 弥漫性肺泡性肺气肿

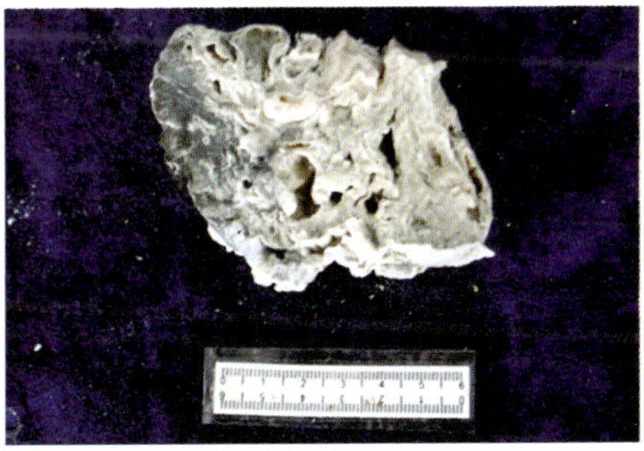

呼 301 支气管扩张

呼401 晚期硅肺合并结核

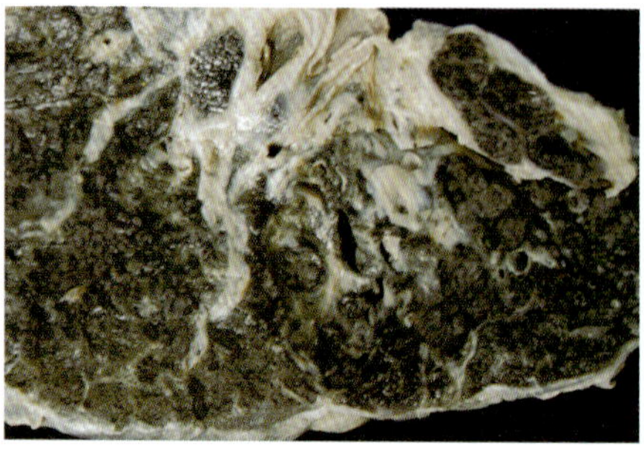

呼401 晚期硅肺合并结核

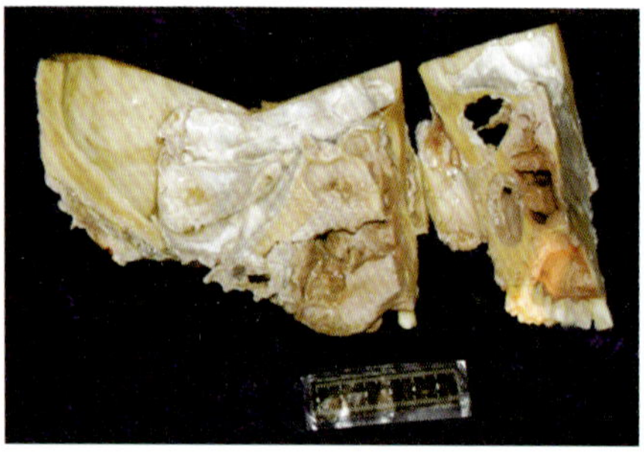

呼501 鼻咽癌

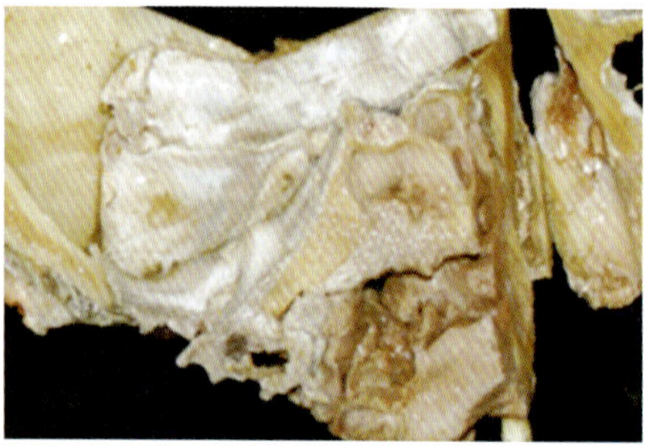

呼501 鼻咽癌

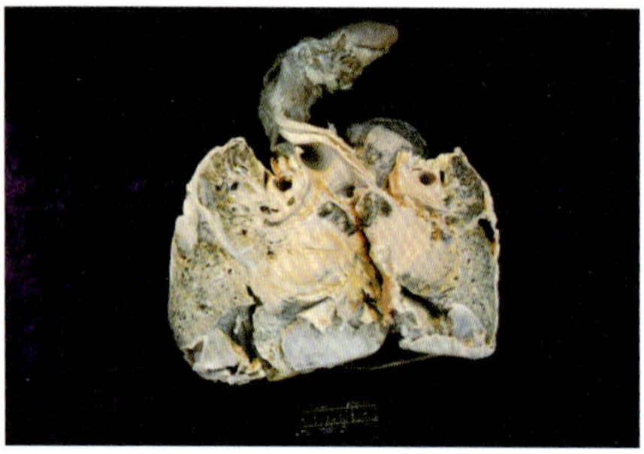

呼502 肺癌(中央型)

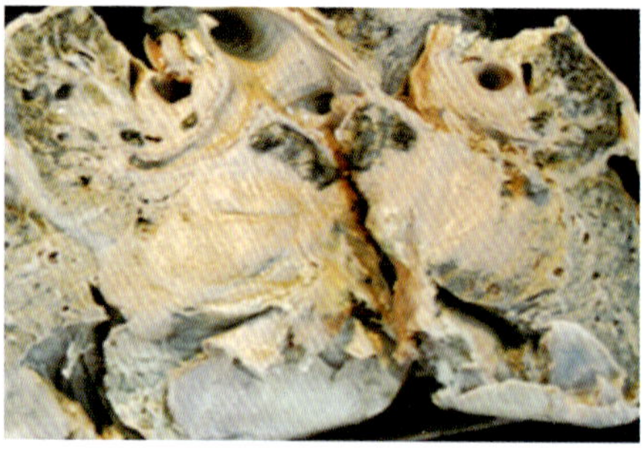

呼502 肺癌(中央型)

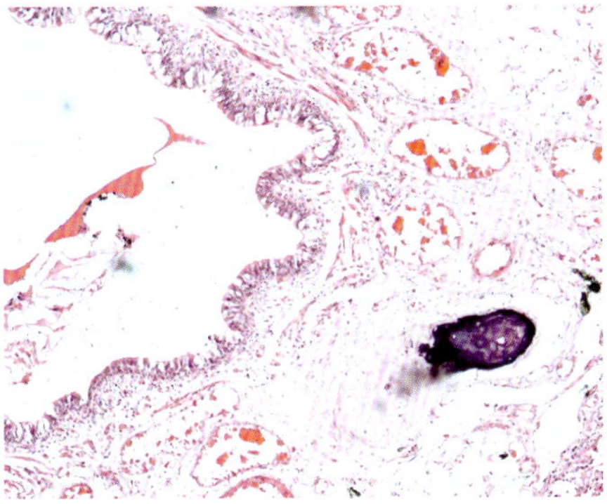

呼 1#A　慢性支气管炎　HE ×10

杯状细胞分泌亢进，数量增多，软骨可见钙化

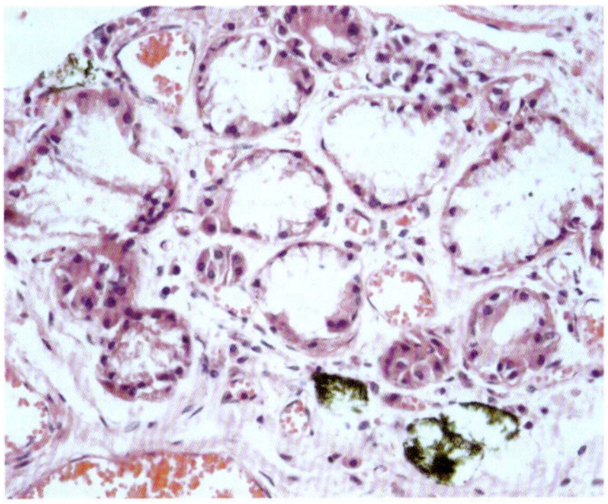

呼 1#B　慢性支气管炎　HE ×40

黏液腺泡增生肥大，浆液性及混合性腺泡黏液化

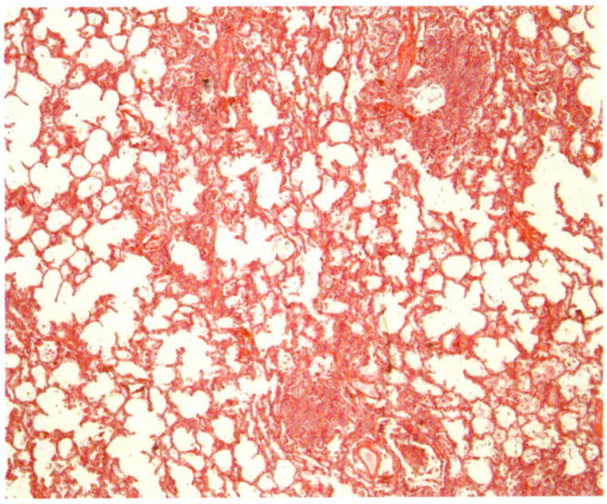

呼 2#A　支气管肺炎　HE ×10

病变呈灶性分布

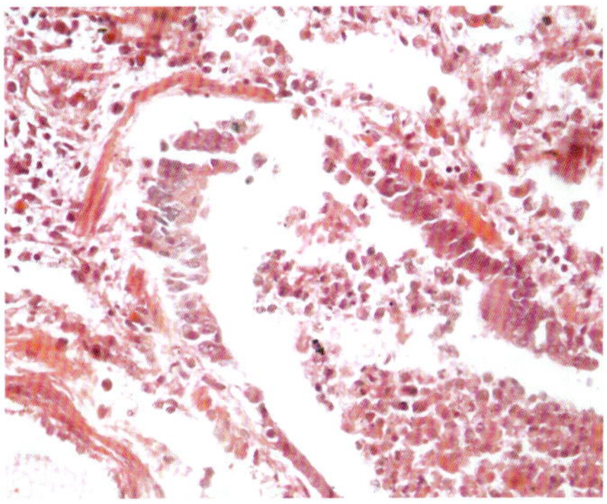

呼 2#B　支气管肺炎　HE×40

细支气管黏膜上皮及管壁结构不完整，腔内充以大量脓性渗出物

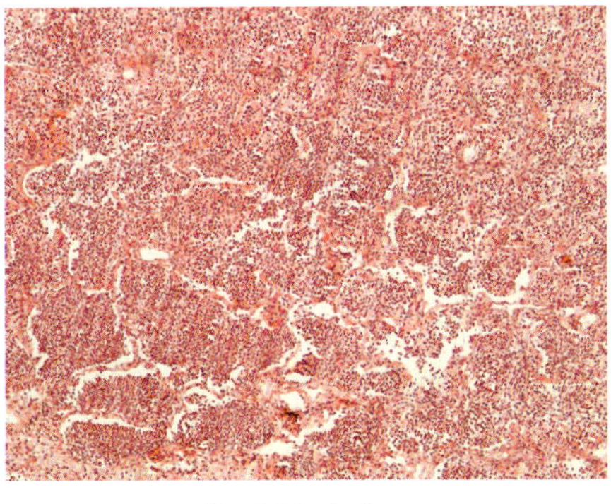

呼 3#A　大叶性肺炎　HE ×10

肺泡腔均充以大量炎性渗出物，病变呈弥漫分布

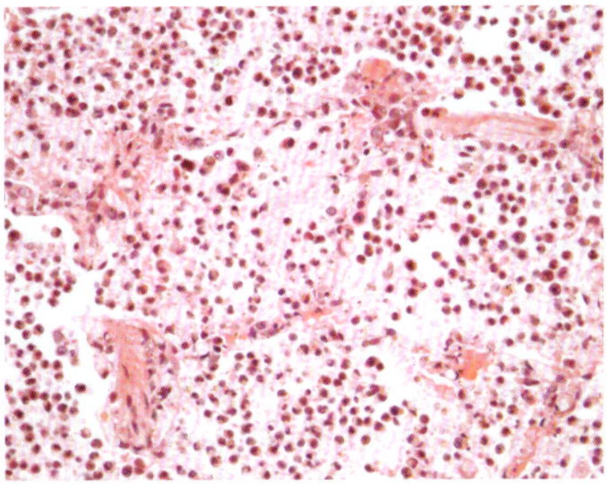

呼 3#B　大叶性肺炎　HE ×40

渗出物主要由大量纤维素、中性粒细胞及单核巨噬细胞组成

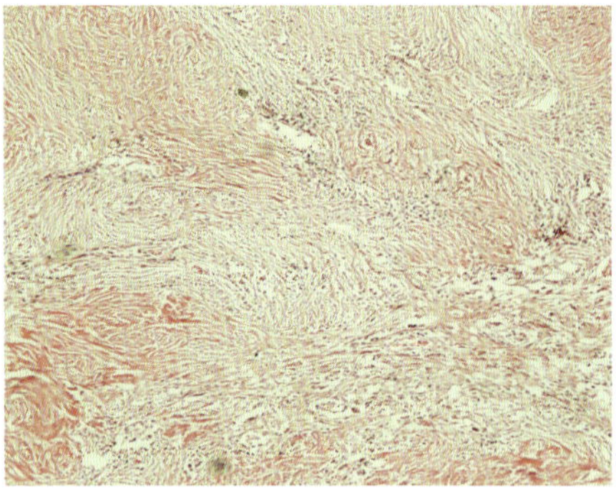

呼 4#A　硅肺　HE×10

肺间质广泛纤维化

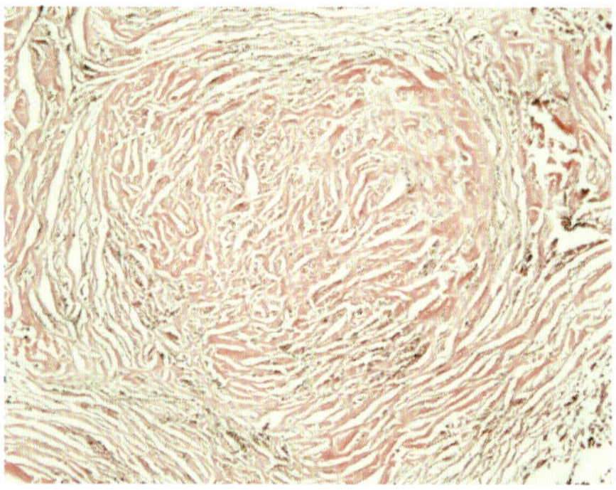

呼 4#B　硅肺　HE×20

硅结节由呈同心圆状排列的胶原纤维构成,并发生透明变性

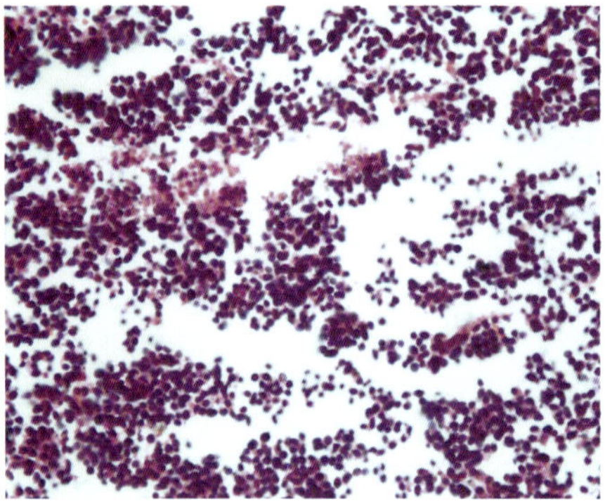

呼 5#A　小细胞神经内分泌癌　HE×10

癌细胞短梭形,排列密集

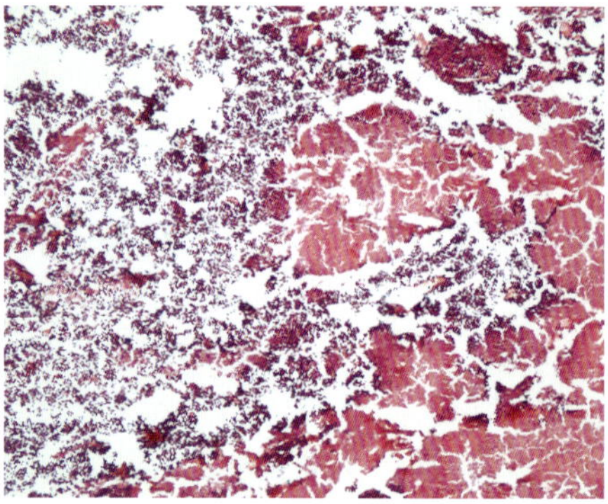

呼 5#B　小细胞神经内分泌癌　HE×4

癌组织中的凝固性坏死

第七章 消化系统疾病

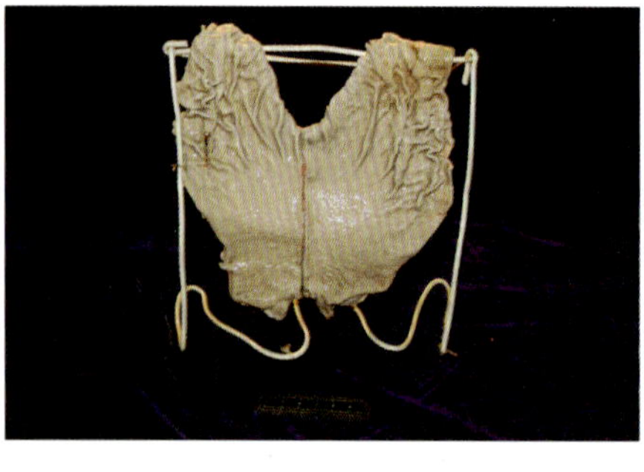

消 101A　慢性萎缩性胃炎

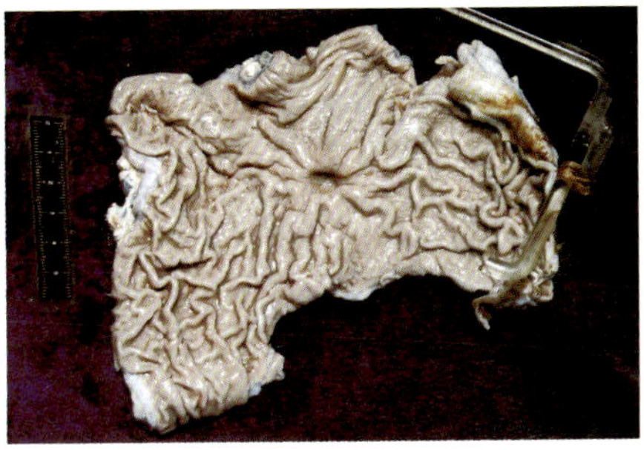

消 103　慢性胃溃疡

消 201　门脉性肝硬化

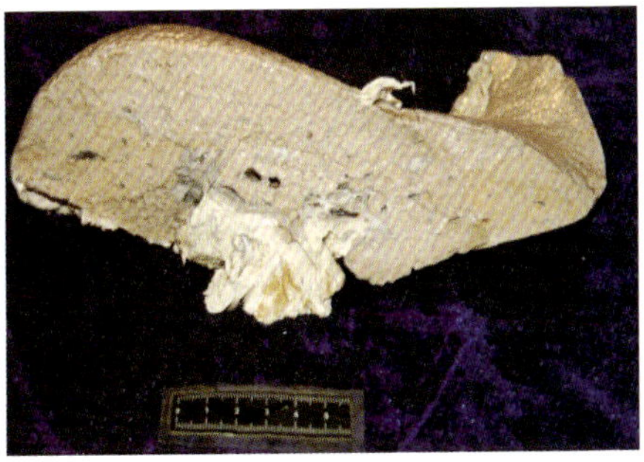

消 202　门脉性肝硬化

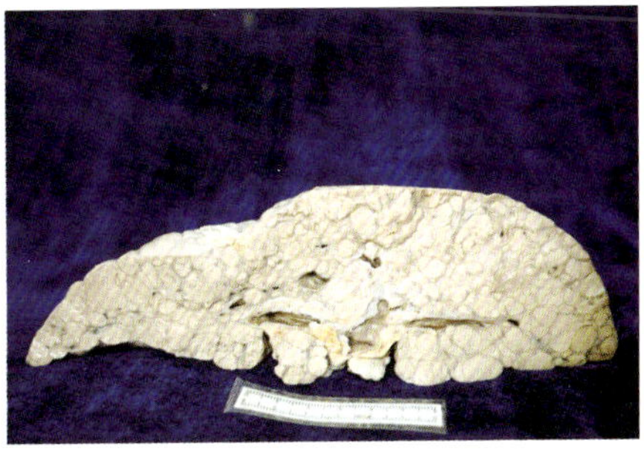

消 203　坏死后性肝硬化

消 204　坏死后性肝硬化

消 302　食管癌(髓质型)

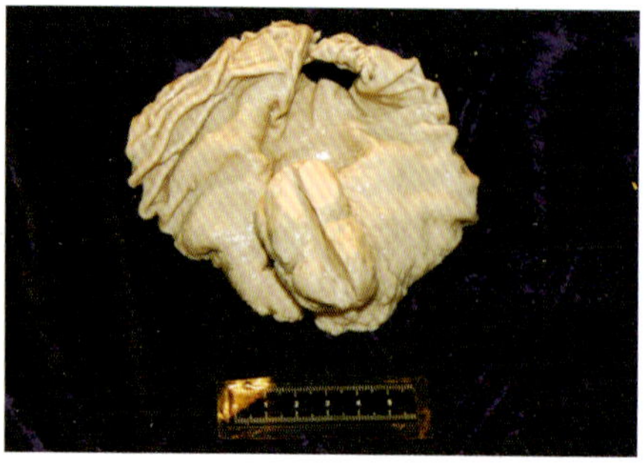

消401　胃癌(息肉型)

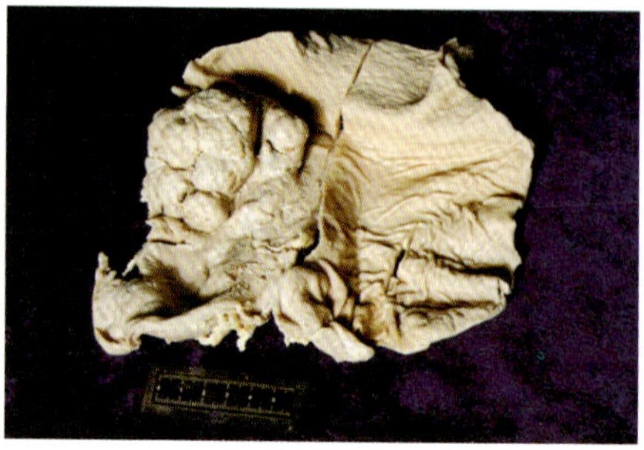

消403B　胃癌(蕈伞型)

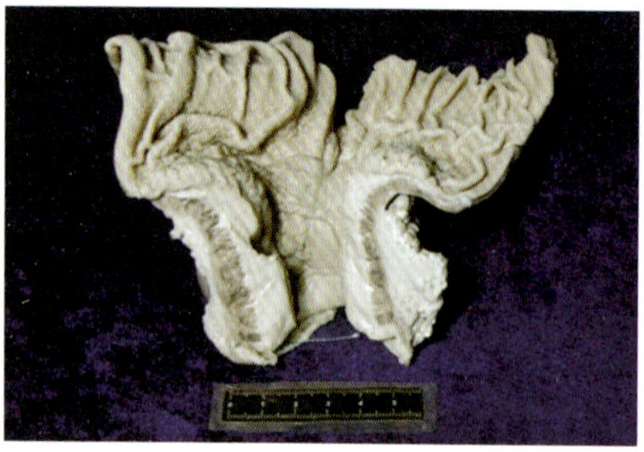

消405　胃癌(局部浸润型,环状浸润)

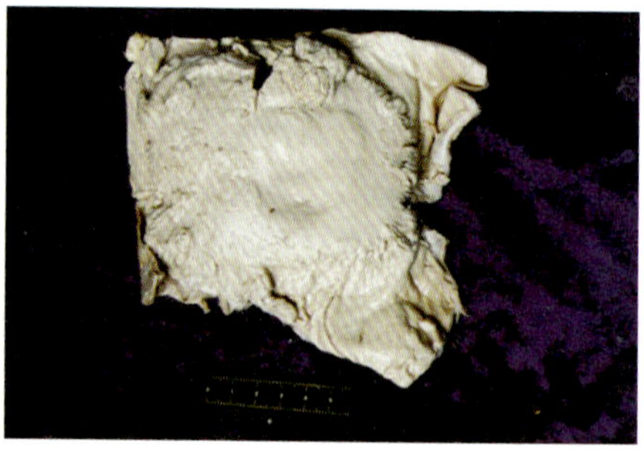

消407　胃癌(局部浸润型)

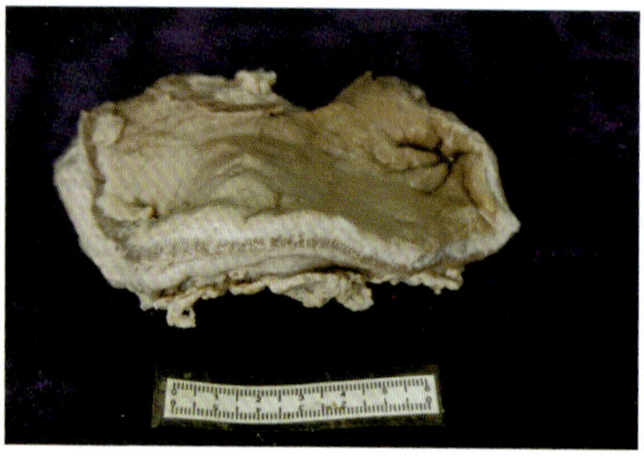

消408　胃癌(弥漫浸润型)

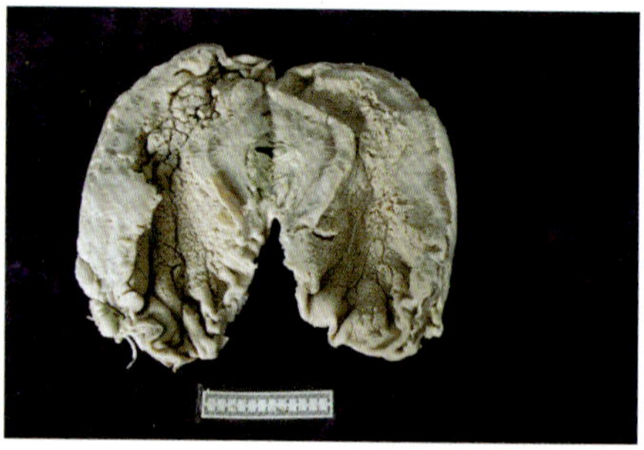

消409　胃癌(胶样型)

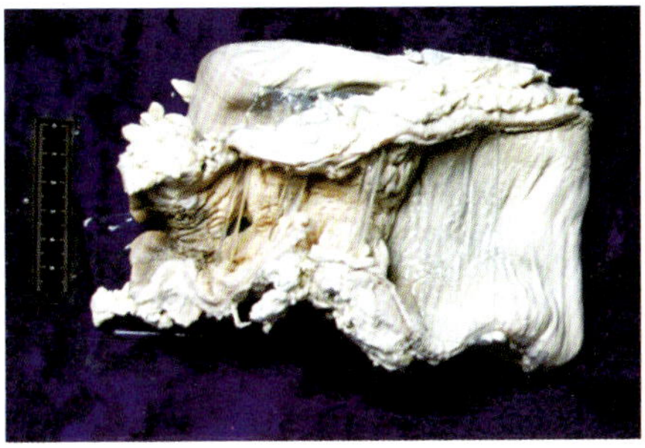

消 502　直肠癌(溃疡型)

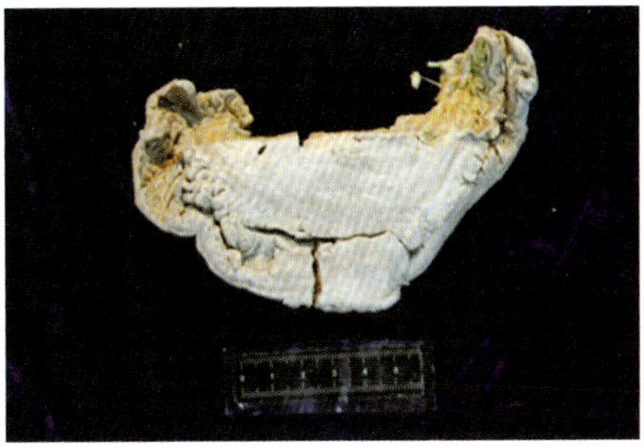

消 504　结肠癌(浸润型)

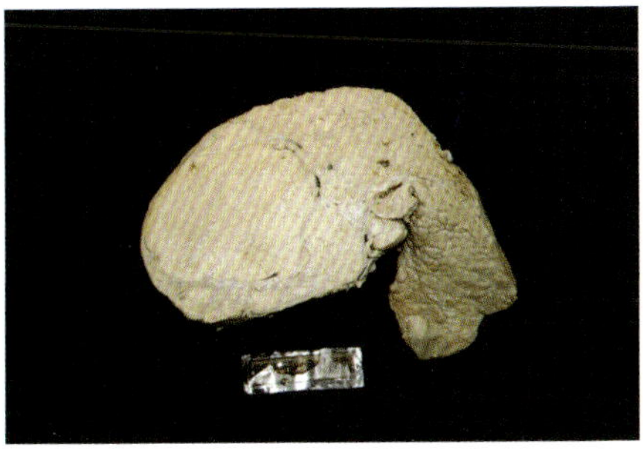

消 601　肝癌(巨块型)伴坏死后性肝硬化

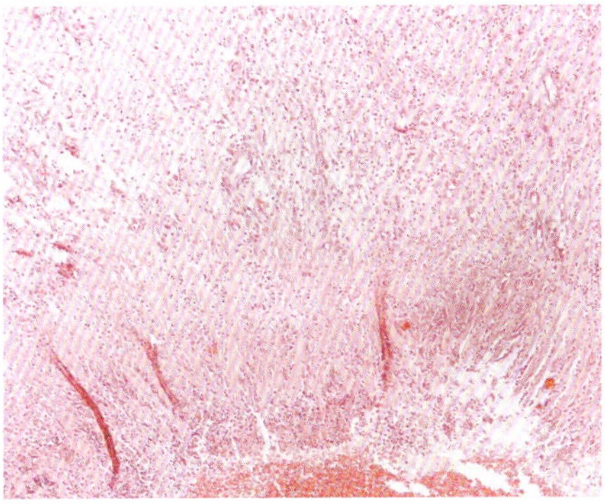

消 1#A　慢性胃溃疡　HE×10

溃疡底部表面见出血,表层为渗出物,其下为坏死组织,下接大量肉芽组织

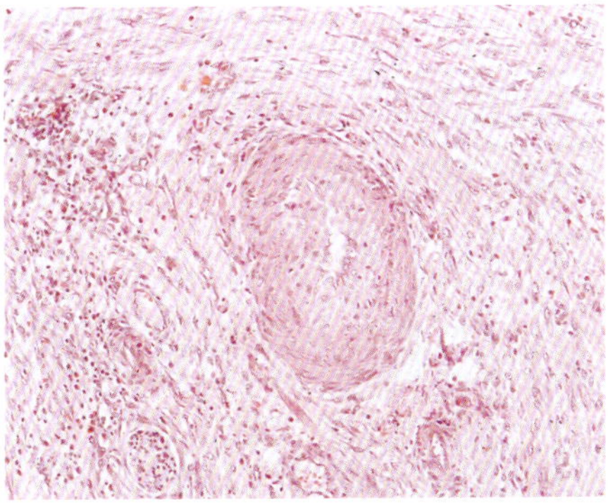

消 1#B　慢性胃溃疡　HE×20

瘢痕组织层中见动脉内膜增厚

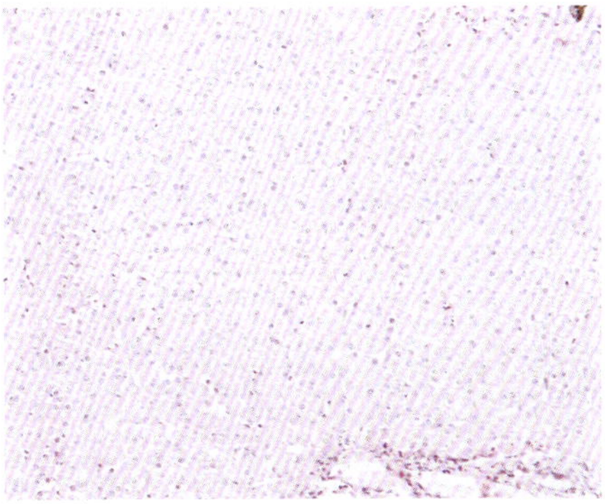

消 2#A　急性普通型肝炎　HE×20

肝索排列紊乱、拥挤,致肝窦受压变窄

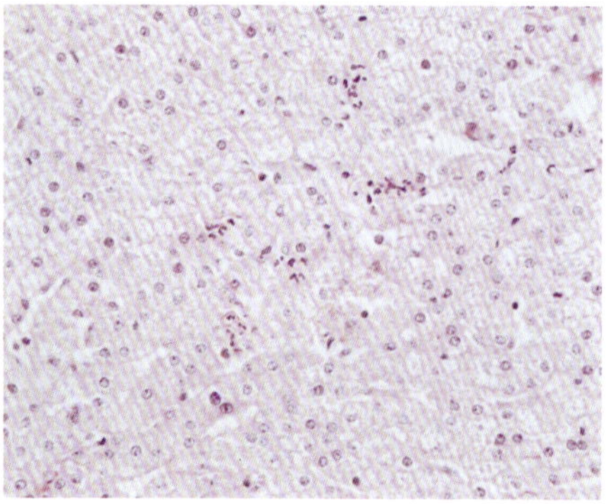

消2#B　急性普通型肝炎　HE×40

肝细胞疏松样变,可见点状坏死

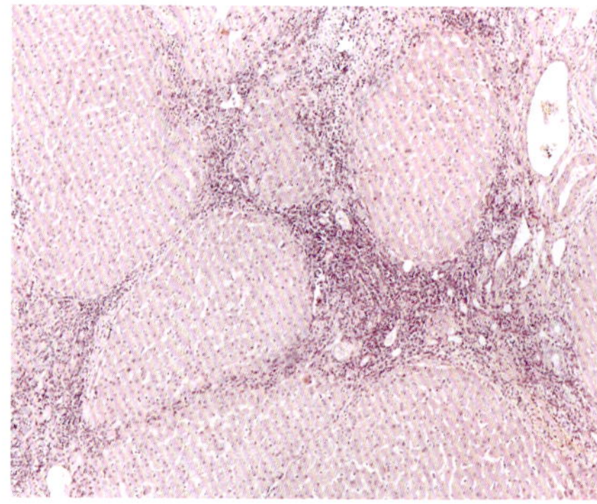

消3#A　门脉性肝硬化　HE×10

假小叶大小不等,其间纤维组织增生

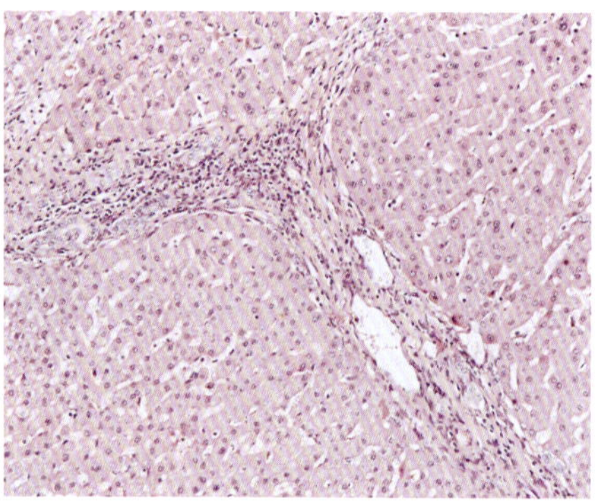

消3#B　门脉性肝硬化　HE×20

假小叶间小胆管增生,多量淋巴细胞浸润

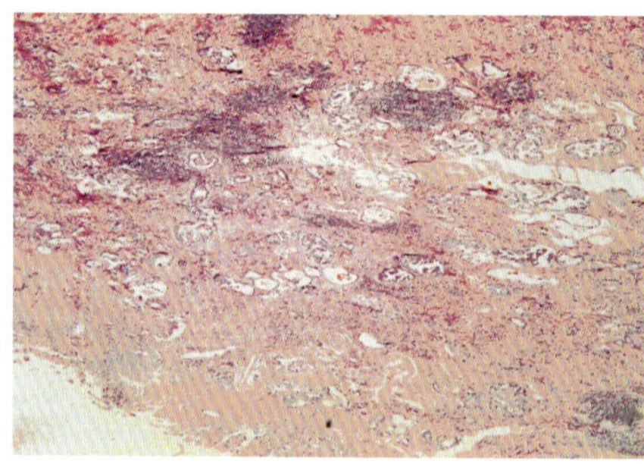

消4#A　胃腺癌　HE×4

癌组织呈大小不等、形状不一的腺管状,浸润生长

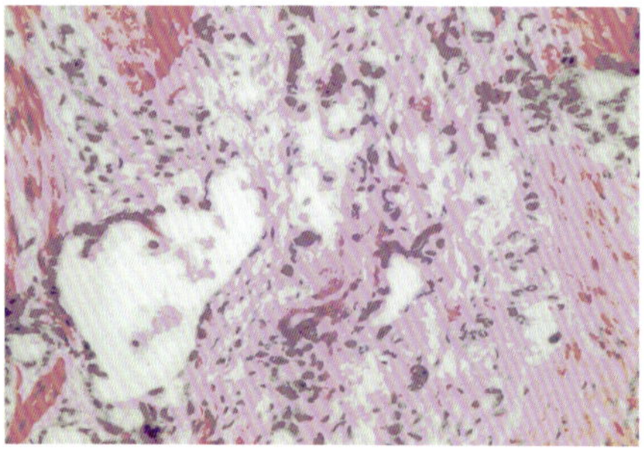

消4#B　胃腺癌　HE ×40

浸润至肌层的癌组织

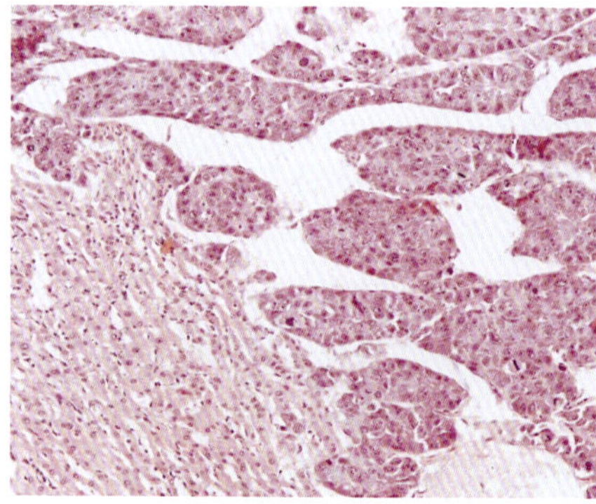

消5#A　肝细胞性肝癌　HE×10

癌细胞呈索状或片状

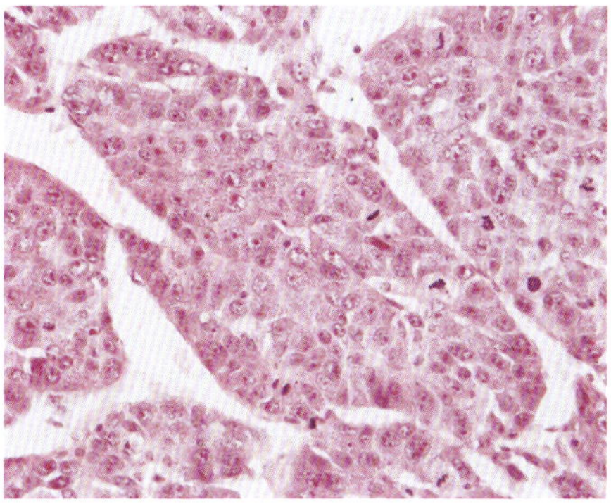

消 5#B　肝细胞性肝癌　HE×40
癌细胞呈多角形,体大,胞浆丰富,核大深染

第八章 淋巴和造血系统疾病

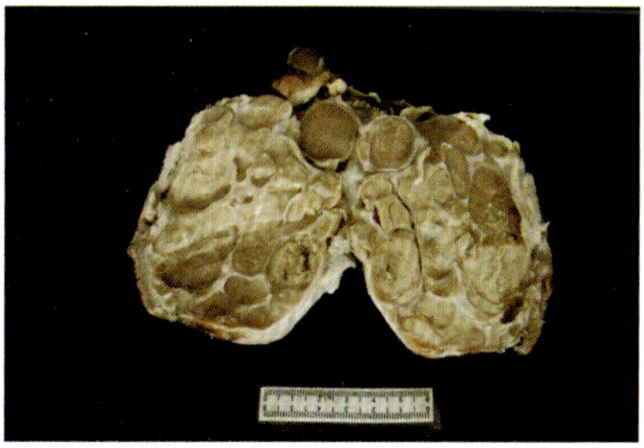

淋巴 101　非霍奇金淋巴瘤

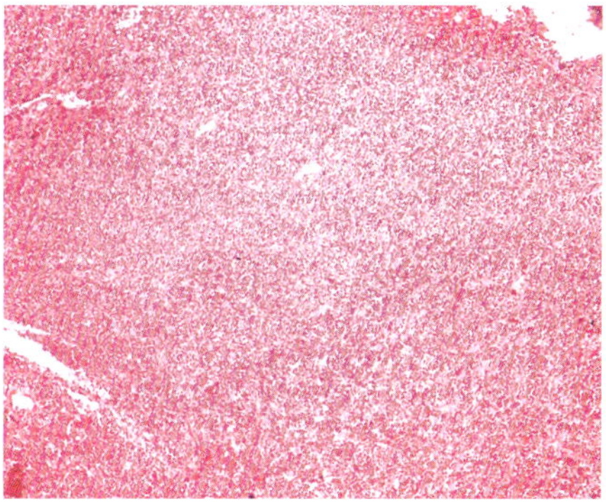

淋巴 1#A　非霍奇金淋巴瘤　HE×10
淋巴结正常结构全部破坏

淋巴 101　非霍奇金淋巴瘤

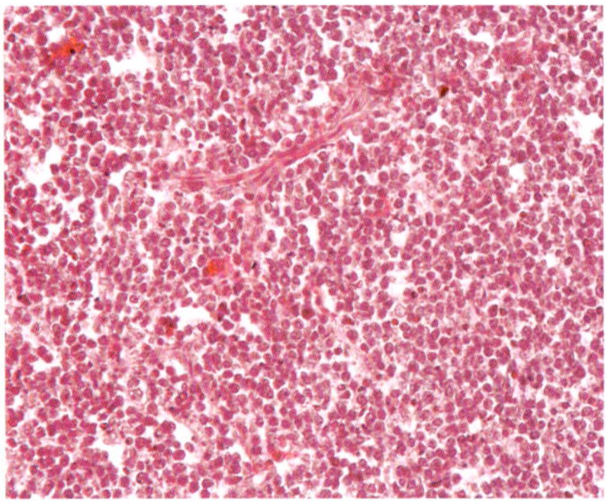

淋巴 1#B 非霍奇金淋巴瘤 HE×40
弥漫增生中等大小淋巴样细胞

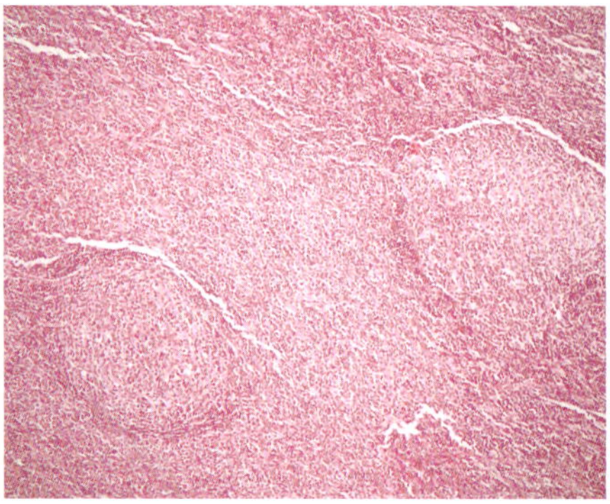

淋巴 2#A 霍奇金淋巴瘤 HE×10
淋巴结部分破坏,残留淋巴滤泡

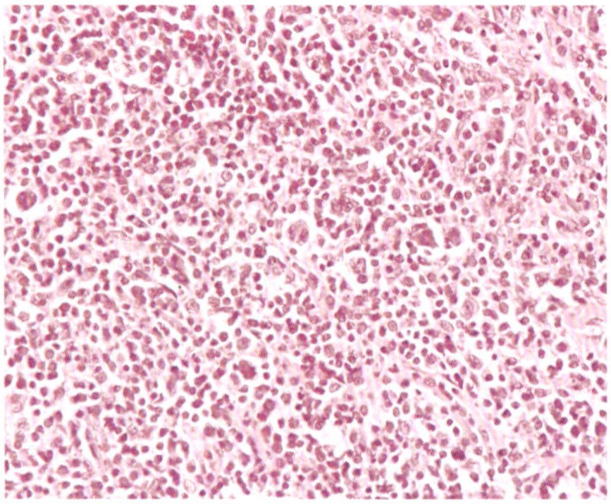

淋巴 2#B 霍奇金淋巴瘤 HE×40
细胞种类较多,有散在的R-S细胞

第九章 泌尿系统疾病

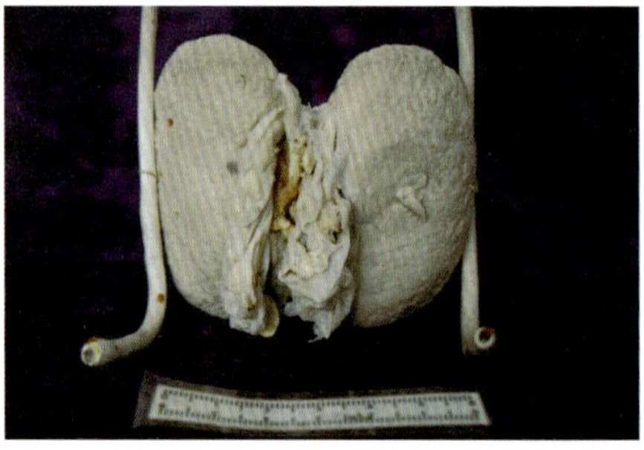

泌 104 慢性肾小球肾炎

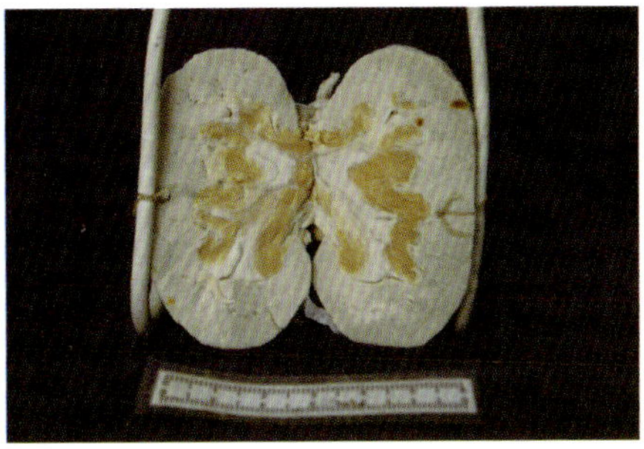

泌104　慢性肾小球肾炎

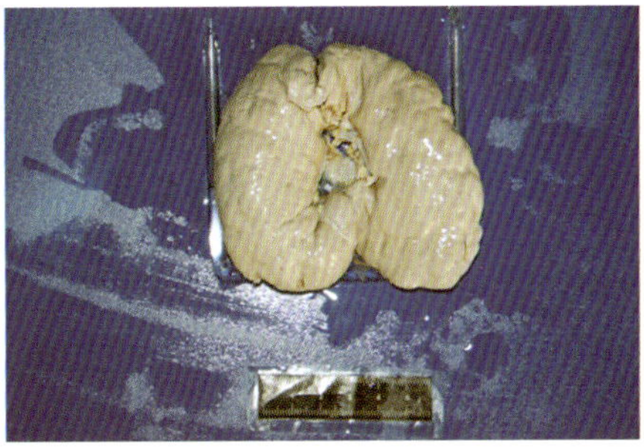

泌201　慢性肾盂肾炎

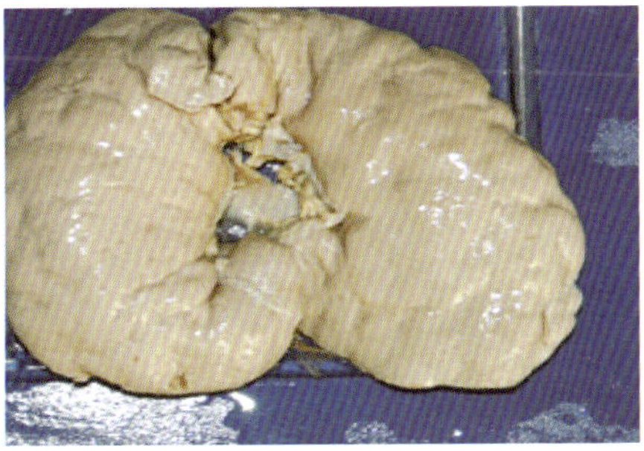

泌201　慢性肾盂肾炎

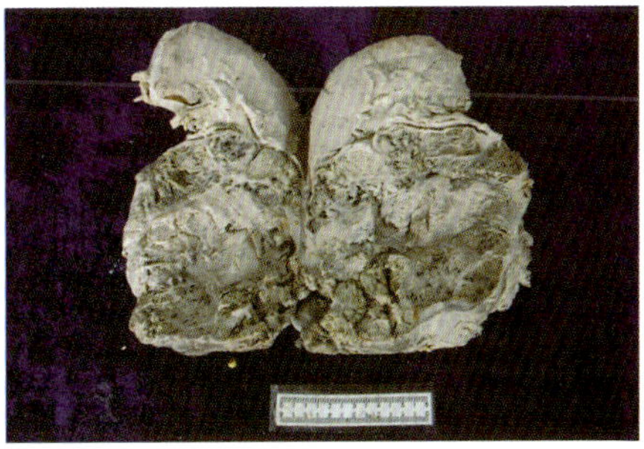

泌301　肾癌

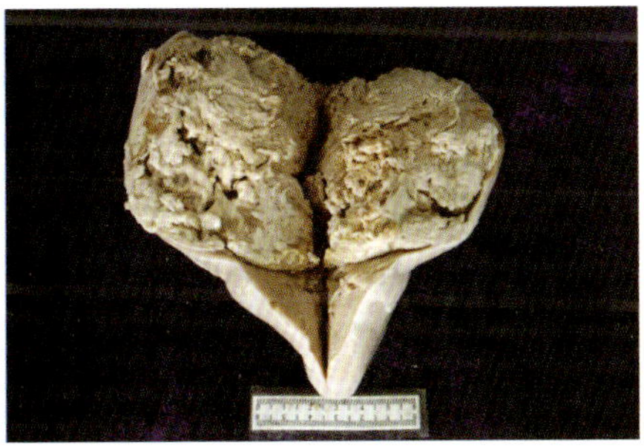

泌302　肾癌

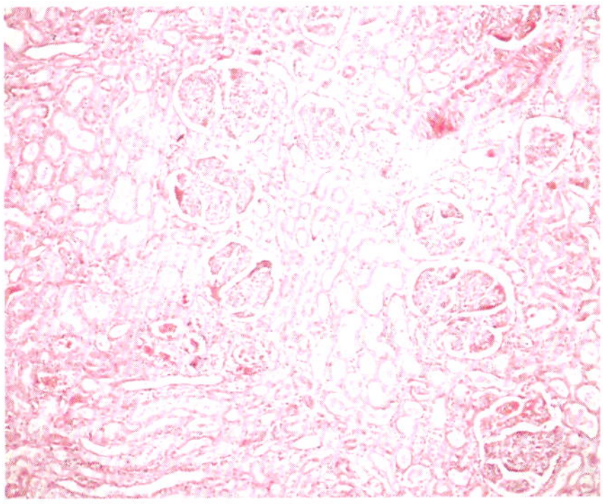

泌1#A　急性毛细血管内增生性肾小球肾炎　HE×10

大部分肾小球体积增大

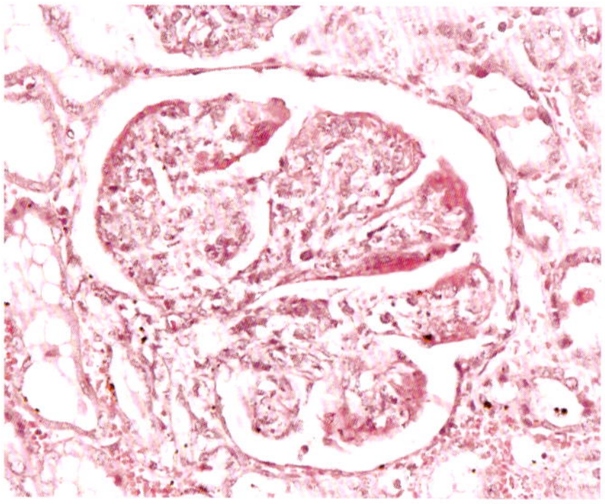

泌1#B　急性毛细血管内增生性肾小球肾炎　HE×40

毛细血管袢的系膜细胞、内皮细胞增生，节段纤维素样坏死

泌2#A　慢性肾小球肾炎　HE×4

肾小球萎缩，所属肾小管萎缩或消失，间质纤维化。部分肾小管代偿性扩张

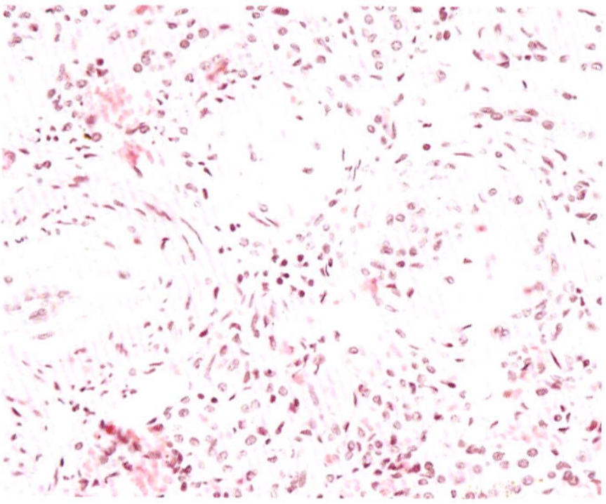

泌2#B　慢性肾小球肾炎　HE×40

肾小球纤维化、球性硬化，肾小管萎缩或消失，间质纤维化伴淋巴细胞浸润

第十章
生殖系统疾病

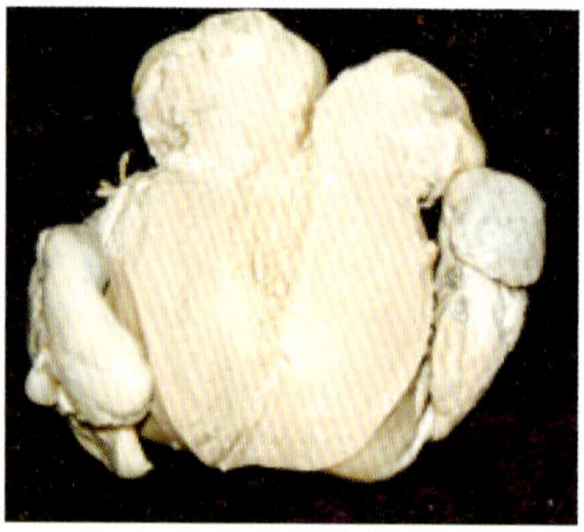

生101　慢性子宫颈炎

生 105 子宫颈癌(内生浸润型)

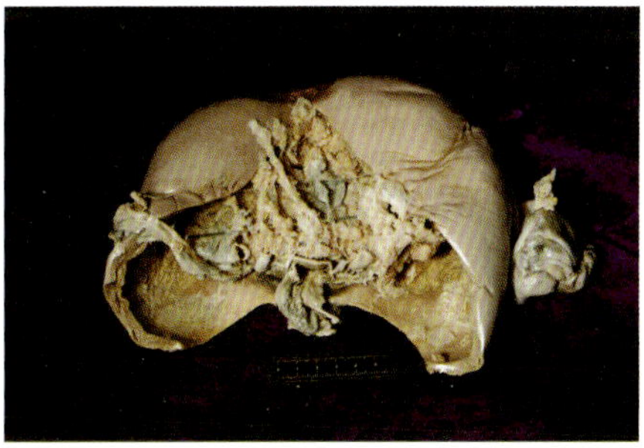

生 201 葡萄胎

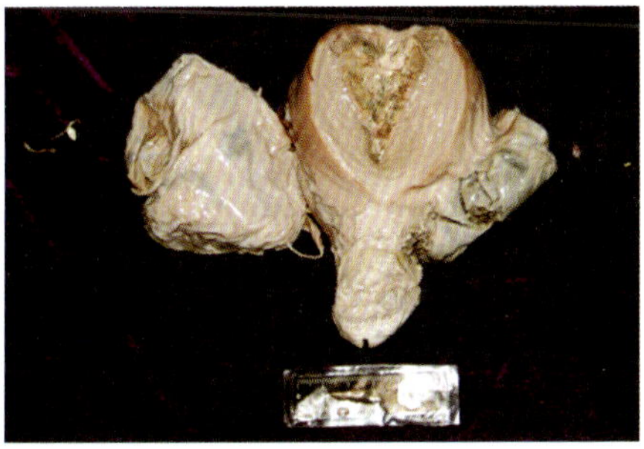

生 204 绒毛膜癌

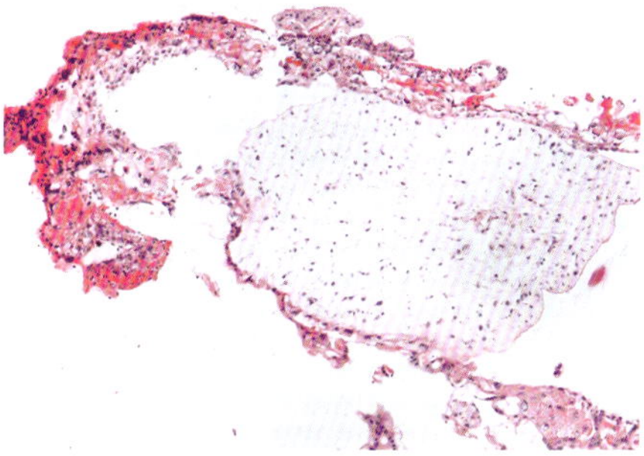

生 1#A 葡萄胎 HE×4

绒毛体积增大,绒毛间质高度水肿

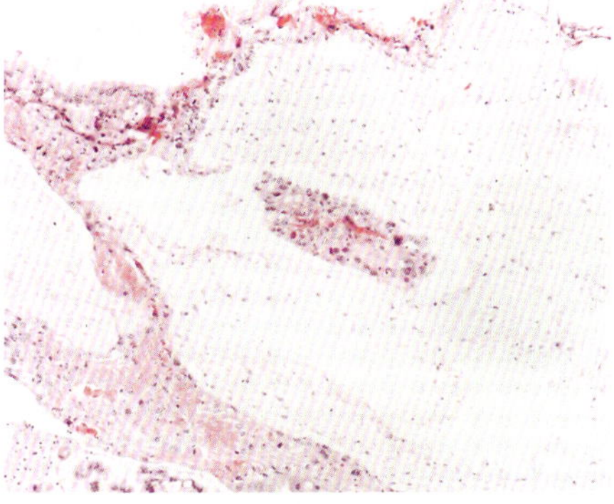

生 1#B 葡萄胎 HE×10

滋养叶上皮细胞增生

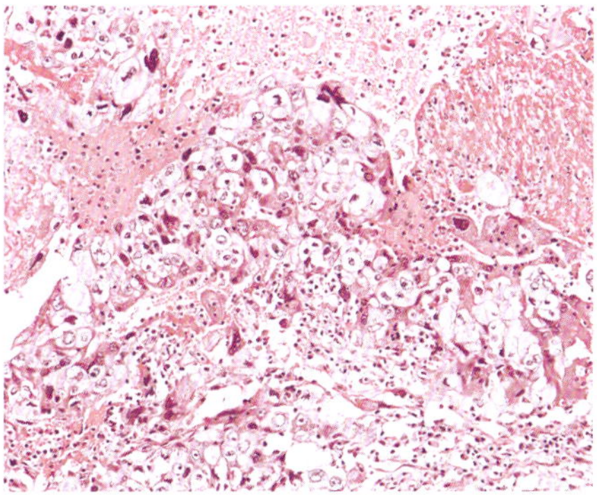

生 2#A 绒毛膜癌 HE×20

癌组织已侵入子宫肌层内

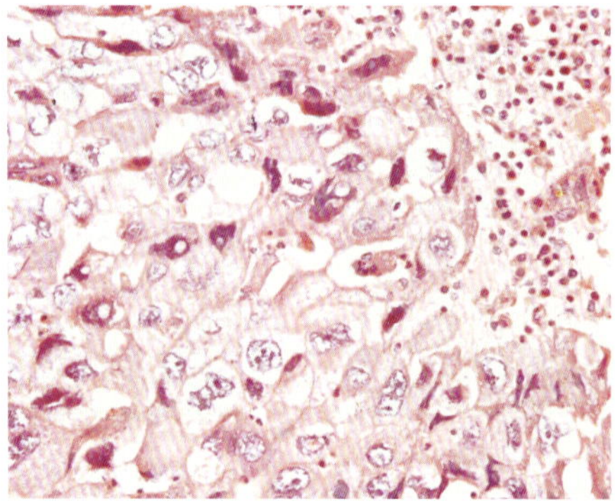

生 2# B 绒毛膜癌 HE×40

癌组织由两种细胞组成

第十一章 传染病

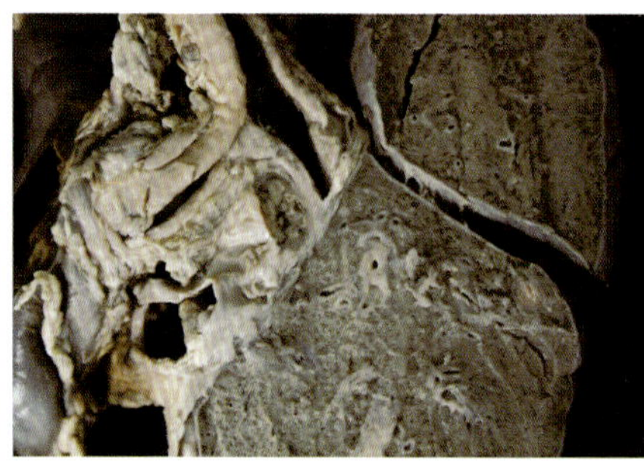

传 103 原发性肺结核病

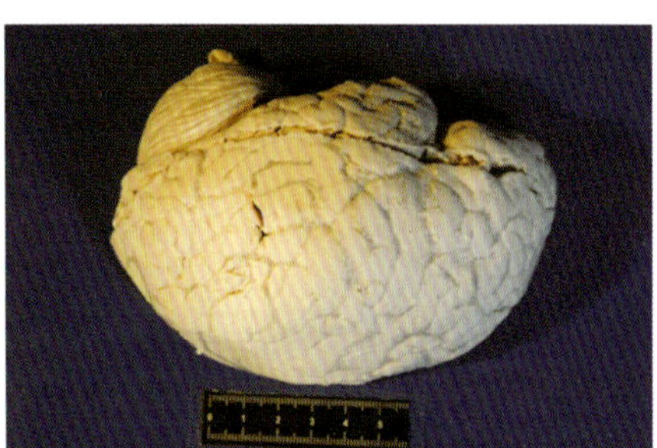

传 108 结核性脑膜炎

传 109 浸润型肺结核伴急性空洞形成

传111 慢性纤维空洞型肺结核

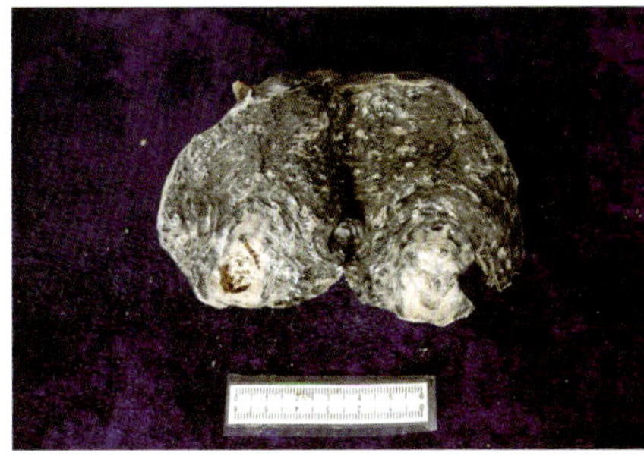

传112 肺结核瘤

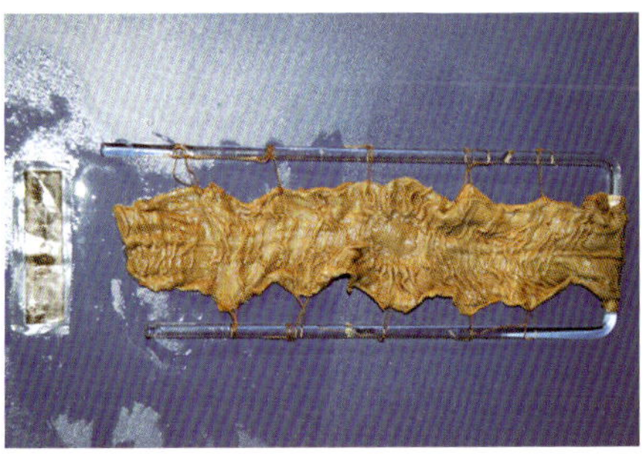

传114 肠结核

传115 脊椎结核

传202 肠伤寒

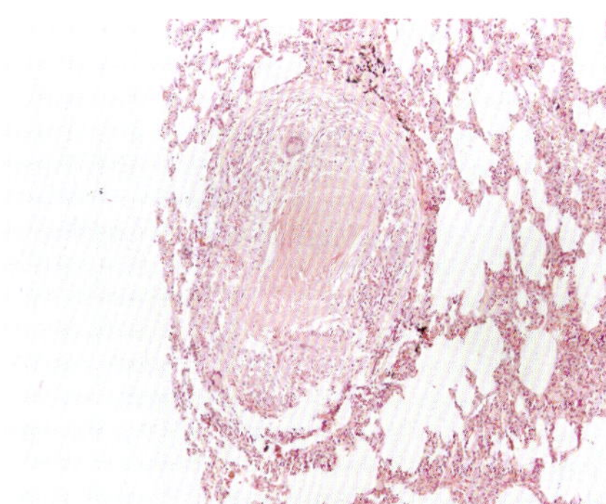

传1#A 粟粒性肺结核 HE×10
肺内散在粟粒大结核病灶

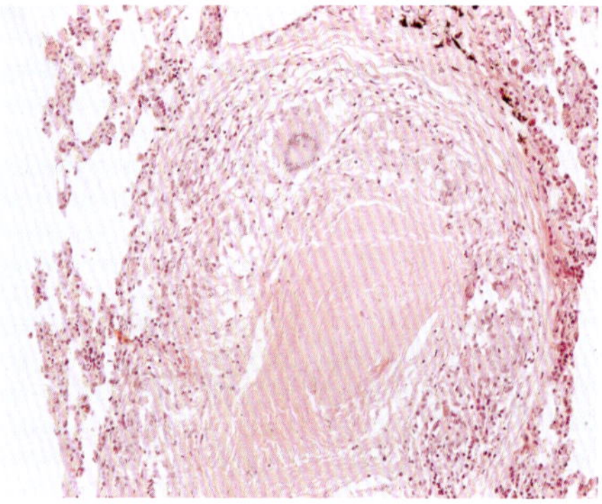

传1#B 粟粒性肺结核 HE×20
中心干酪样坏死物，边缘散在的郎罕氏巨细胞、上皮样细胞

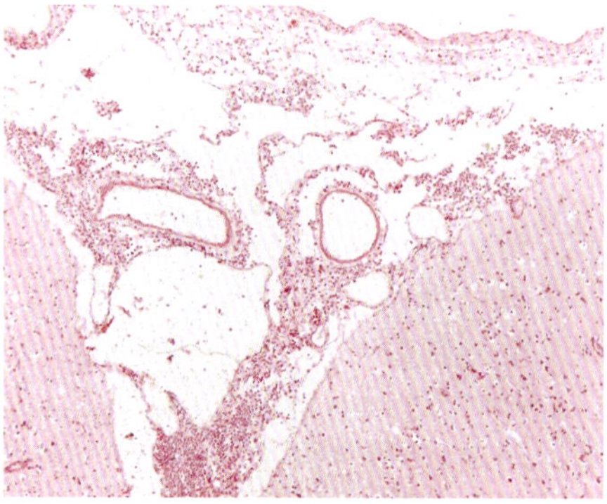

传4#A 流行性脑脊髓膜炎 HE×10
蛛网膜下腔增宽，内有脓性渗出物，脑实质内无炎性细胞浸润

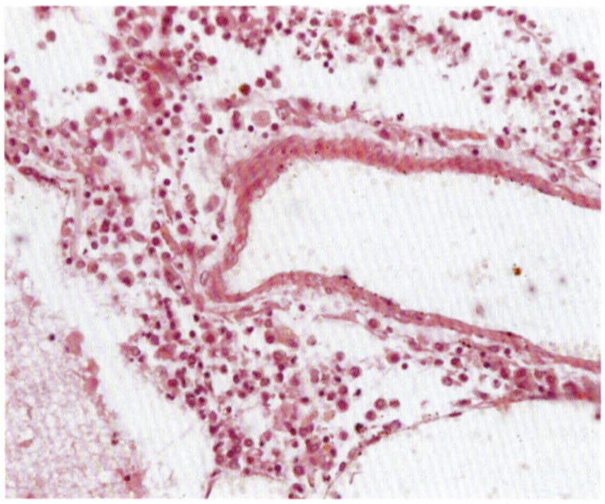

传4#B 流行性脑脊髓膜炎 HE×40
蛛网膜下腔增宽，内有脓性渗出物，血管扩张充血

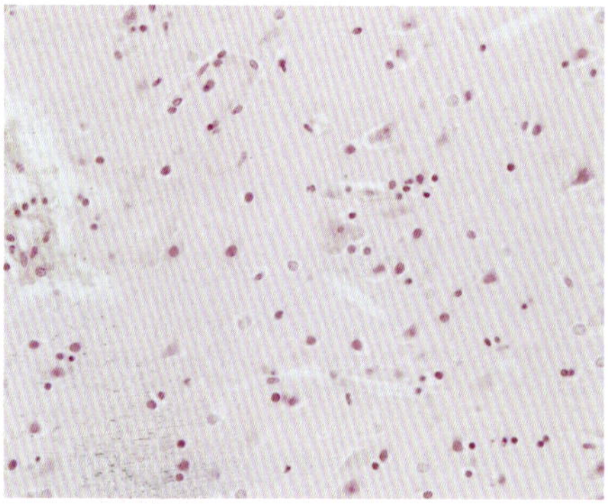

传5#A 流行性乙型脑炎 HE×40
噬神经细胞现象

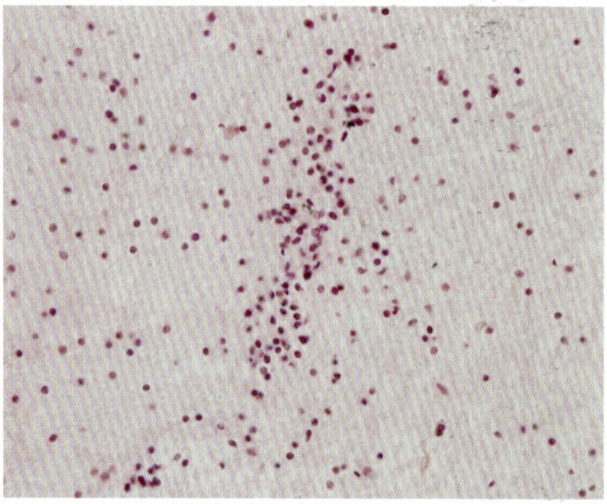

传5#B 流行性乙型脑炎 HE ×40
胶质结节